养老规划

PENSION PLANNING

主　编　牛淑珍　梁　辉　齐安甜

副主编　刘　佳　施国栋　王　峥

复旦大学出版社

序　言

人口老龄化是社会发展的重要趋势，也是今后较长一段时期我国的基本国情，对国家发展全局和亿万群众福祉都有深刻影响。党和国家高度重视老龄化问题，党的二十大报告指出，要"增进民生福祉，提高人民生活品质""发展多层次、多支柱养老保险体系"，这是以习近平同志为核心的党中央总揽全局、审时度势作出的重大战略部署。

人口老龄化是人类社会进入工业社会，特别是后工业社会遇到的现象，表现为全社会人均期望寿命延长、老龄人口在总人口中的比重增加等。导致人口老龄化的主要原因是经济和社会发展水平的提升、医疗水平的进步等。人口老龄化将给社会发展带来一系列新的挑战，例如，老年人退出劳动力队伍后的收入来源如何解决、老年人失能失智后的特殊需要如何满足等，都需要统筹考虑。

近年来，随着生育率的持续下降，我国一方面正快速向深度老龄化社会演进，面临"未富先老""未备先老"的发展态势；另一方面，现有养老金体系的结构性矛盾突出，其中，第一支柱（基本养老保险）"一支独大"，第二支柱（职业年金和企业年金）和第三支柱（个人养老金及商业养老金融业务等）发展较弱，且第一支柱替代率呈现长期下降的趋势，从长远来看势必对国家财政形成巨大压力，也将加重家庭和个人的养老负担。发达国家的经验显示，随着人口老龄化程度的加深，政府为了减轻财政支出压力，确保养老金体系可持续运行，多以加强第二、第三支柱作为应对之举，并已取得积极的成效，为我国提供了有益借鉴。长期以来，过度依靠财政提供基本养老保险的模式已不可持续。

2022年年底，酝酿多年的个人养老金制度正式启动实施，在北京、上海、广州等36个先行城市或地区落地。作为国家层面对于养老保险第三支柱的制度性安排，这一制度的落地实施对于丰富国民养老保障渠道、积极应对人口老龄化、扎实推进共同富裕具有重要意义。个人养老金投资相关政策相继出台，包括个人养老金个税优惠政策以及金融监管部门出台的相关配套业务规定等，标志着我国正式进入"个人养老金时代"。

与此同时，业内也陆续进行了多项养老金融产品试点的积极探索。在养老保险领域，个人税收递延型商业养老保险和专属商业养老保险先后启动试点；在公募基金领域，养老目标基金已历经四年发展，基金数量和规模逐年增长；在银行理财领域，养老理财先后开展两批试点，市场反应积极；在银行储蓄领域，四家机构获批在 5 个城市开启特定养老储蓄试点。在政策指引和内生需求的共同作用下，养老金融市场未来发展潜力巨大。

随着"三支柱"养老金体系建设的推进，银行保险机构的从业者需要提升养老专业知识；随着老龄化社会的到来，居民需要提早规划幸福晚年生活。

2023 年，由 RFP 中国、才师教育科技（上海）有限公司、上海杉达学院胜祥商学院、中华养老研究院有限公司、上海现代服务业联合会、上海现代服务业标准创新发展中心、世代传家（北京）国际认证中心有限公司、中国理财师协会有限公司、注理认证服务（上海）有限公司、上海龙软电子集团有限公司共同起草的《养老规划师服务指南》（T/SSFSIDC 016—2023）获得国家标准化管理委员会、全国团体标准信息公共服务平台认定，正式备案并发布。

《养老规划师服务指南》规定了专业养老规划师的道德行为、从业能力和工作经验等方面的要求，描述了养老规划师合格评定的多种方法和每个步骤的具体内容，要求养老规划师具备专业知识、技能和经验才能进行养老规划服务。

这一标准的发布，不仅为养老规划服务行业树立了新的标杆，而且为金融行业中有志于从事养老规划工作的人员指明了专业学习方向。

为帮助养老规划相关的从业人员系统化学习个人养老规划的专业知识和技能，加深对养老政策和养老金融产品的理解，提升从业者综合养老规划能力，我们联合养老专业科研院所及行业专家，研发并推出了这套符合当前养老市场需求的《养老规划》培训教材。

养老规划是一门综合性的养老学科，是通过分析服务对象的特征和养老需求，根据服务对象独特的生活环境、家庭状况及养老观念，为其设计和规划个性化、合理化、综合化的养老方案，整合养老资源，防范并解决养老过程中的风险。

养老规划师的专业性和综合性尤为重要，不仅需要具备扎实的金融知识，帮助客户进行资产配置和风险管理，而且需要了解法律知识，为客户提供遗产规划和法律咨询。此外，养老规划师还应该掌握康养知识，帮助客户规划健康的生活方式，确保他们的晚年生活质量。养老规划师的角色不仅限于财务顾问，更是客户晚年生活质量的守护者。他们需要具备跨学科的专业知识，能够从多角度出发，为客户提供全面、个性化的养老规划服务。这不仅能够帮助客户实现财务自由，而且能确保他们在退休后享受健康、充实的生活。

以保险代理人为例，在新格局下，保险行业正朝着专业高质量发展阶段迈进，打造专业化、职业化的团队成为行业发展的必由之路。保险代理人需要从单纯的产品营销向服务需求营销转型，这要求他们不仅需掌握专业知识，更要学会科学的规划方法。养老产品的推广成为突破中高净值客户的有效手段，因此，保险代理人必须具备全面的养老规划能力。

本书旨在培养符合上述专业要求的养老规划师，了解不同类型客户对养老需求的差异，利用专业金融知识和金融工具，配合相关的法律法规，做好客户养老财务规划和养老生活规划，为其提供专业的养老金融服务。

本书的编写依据《中华人民共和国老年人权益保障法》《中华人民共和国婚姻法》《中华人民共和国继承法》以及《中华人民共和国劳动法》等保护老年人权益相关的法律法规，根据国务院关于推进养老服务发展与老年人社会福利的政策，以老人学、老人健康与保健、社区长期照护、居家照护实务、长期照护保险概论等综合性学科为基础，并结合国内外老龄产业的现状与发展组织编制。

本书的逻辑结构严谨而全面，为读者构建了坚实的理论基础，通过深入探讨老龄化社会趋势、养老金体系、多样化的养老模式、养老社区的设计以及养老风险、养老金融的运作机制等关键领域，为后续的养老规划实践奠定了必要的认知基础。这些内容不仅帮助读者理解养老规划的复杂性和多样性，而且促使他们意识到在规划过程中需要综合考虑多方面的因素。

本书第1～2章全面而深入地分析中国进入深度老龄化社会的趋势及其对养老产业未来发展的影响，为读者提供有价值的见解和思考。

本书第3章系统地介绍了养老规划的内容，确保读者系统全面了解养老规划的核心要素和实施流程，为客户未来的老年生活规划做好充分的知识准备。

养老金体系是养老规划的核心组成部分，旨在为老年人提供稳定的经济来源，保障其基本生活需求。本书的第4章"养老金体系"介绍了多支柱养老金体系的内容，罗列了代表性国家的养老金支柱的运行与管理以及发展趋势等方面的内容，为读者提供深入了解养老金体系的机会和视角。

本书在第5～6章的养老模式和养老社区部分，分析论证了由于各国的经济发展水平、养老传统和观念、制度规定等存在差异，因此，不同国家存在不同的养老问题，由此形成不同的养老模式。当前，传统养老模式正在向现代金融服务养老模式转变，不断推陈出新的养老社区成为满足老年人多样化养老需求的重要方式。中国养老问题具有特殊性和复杂性，在人口老龄化程度加深的背景下，养老领域发展不平衡、不充分的问题愈加突出，对养老产业的发展提出了挑战，也指明了养老规划的发展方向。

在市场经济条件下，没有健全的社会保险和员工福利等组成的社会保障体系，便不可能有持续的社会稳定和经济繁荣，更不可能实现长久和谐的发展。本书的第7～8章对与养老相关的社会保障与企业福利以及法律法规进行了系统阐述，构成养老规划的制度基础。

本书第9章聚焦于养老风险管理，界定了养老风险内涵，阐明了养老风险产生的原因、表现及特征，从长寿风险、健康风险、政策风险、市场风险等不同层次分析了养老风险的不同表现，并在此基础上，提出养老风险的应对策略。

积极应对人口老龄化需要完善的老龄政策制度和健全的老龄工作体制机制，发展养老金融则是其中一项重要内容。本书第10章以养老金融为立足点，系统分析中国养老问题的特殊性与复杂性，深入研究中国发展养老金融的现实意义与困境挑战，提出高质量地建设立足中国国情、解决中国问题、具有中国特色的养老金融体系发展思路，旨在推动中国特色养老金融体系实现高质量发展，通过金融工具解决人口老龄化问题。

通过本书的学习，可以提高养老规划从业人员的专业素质，从而推动整个养老行业的发展和进步。这种合作与认证的结合，为我国养老行业的人才培养提供了一条有效的途径，有助于解决人才短缺的问题，促进行业的持续健康发展。

囿于时间和编者水平的限制，本书的编写难免挂一漏万，希望有识之士不吝批评指正，以使我们在以后的工作中不断充实完善，为推动中国的养老事业增砖添瓦。

目　录

第 1 章

人口老龄化与养老

导读

　　日本，作为全球人口老龄化最为严重的国家，在人口结构、经济、社会保障体系以及医疗服务等多个老龄化问题维度上表现显著。

　　根据日本总务省统计局的最新年度人口报告，截至 2023 年 9 月 15 日，日本 65 岁及以上的老年人口数量已达到 3 623 万，占总人口的 29.1%，预计到 2040 年，这一比例将上升至 34%。

　　随着老年人口比例的增加，日本劳动力市场也发生了显著变化，劳动年龄人口（15～64 岁）比例从 1995 年的 69.5% 下降至 2023 年的 58.9%，导致劳动力短缺，影响经济的可持续发展。由于劳动力短缺，越来越多的老年人继续工作。2023 年，日本 65 岁及以上人口的劳动参与率达到了 13.5%，这一比例在全球范围内属于较高水平。为应对劳动力短缺和养老金压力，日本政府推动了"超智能社会"计划，鼓励发展人工智能和机器人技术以弥补劳动力不足，并推广机器人技术和智能家居以支持老年人的独立生活和护理服务。此外，日本政府计划逐步将法定退休年龄从 65 岁提高到 70 岁。

　　老龄化对日本的养老金和医疗保障系统造成了巨大压力。日本的养老金支出已占 GDP 的 13.5%，迫使政府采取延迟退休和降低养老金水平等措施来缓解资金压力。同时，由于老年人对医疗服务的需求更高，65 岁及以上人口占总人口的 29.4%，却消耗了约 50% 的医疗资源，尤其随着慢性病和长期护理需求的增加，医疗费用支出显著上升，成为财政的沉重负担。为此，日本政府正在大力推行"健康日本 21"计划，旨在通过健康促进、疾病预防和提高健康寿命等措施，减轻医疗系统的负担。

　　日本的老龄化问题是全球人口老龄化趋势的一个显而易见的例子。其显著的老年人口比例、劳动力市场的变化、社会保障体系的巨大压力、社会结构的变迁以及政府应对措施，均展现了老龄化对一个国家的深远影响。

1. 人口老龄化概述

人口老龄化是全球经济发展和公共卫生进步的结果，同时也是一个复杂的社会现象，对经济、社会结构和政策制定产生了深远的影响。

1.1　人口老龄化问题的提出

随着全球经济的发展和世界人口增长率的迅速攀升，人类对自然环境的不断改造所带来的破坏性后果也日益显著。冰川融化速度加快，极端气候频繁出现，空气和水污染等环境问题受到广泛关注。与环境危机、气候危机同样受到关注的，还有"人口老龄化危机"。

全球范围内，高收入国家的人口老龄化程度更深，且增速更快。这一问题已经引起了国际社会的广泛关注。

1971 年，联合国发布了第一份关于人口老龄化的全球报告《人口老龄化及社会经济后果》。这份报告第一次系统地研究了老龄化对社会和经济的潜在影响。

1982 年，联合国在奥地利维也纳召开了第一次世界老龄问题大会，会上通过《维也纳国际老龄行动计划》，标志着全球正式开始将老龄化问题作为一个重大议题来讨论和应对。

人口老龄化问题的出现，预示着对一个国家的经济和社会结构将产生深远的影响。特别是在发达国家，许多政府和国际组织加大了对老龄化问题的关注。联合国曾将 1999 年定为"国际老龄年"。

1.2　人口老龄化的定义

1.2.1　人口老龄化

人口老龄化是指生育率降低和人均寿命延长导致的总人口中老年人口比例相应增长的状态。这一现象包括两个方面的含义：一是指老年人口相对增多，在总人口中所占比例不断上升的过程；二是指社会人口结构呈现老年化趋势，从而使得整个社会进入老龄化状态。

国际上通常采用一系列的标准来确定老龄化程度。例如，联合国在 1956 年发布的《人口老龄化及社会经济后果》中确定，当一个国家或地区 65 岁及以上人口占比达到 7%，即为老龄化社会；65 岁及以上人口占比达到 14%，为深度老龄化社会，达到 20% 则为超级老龄化社会。

1982 年，联合国在维也纳第一次世界老龄问题大会上又提出另一个划分标准：60 岁及以上人口占总人口比重超过 10% 时，即可认定为进入老龄化社会；超过 20% 为中度老龄化，超过 30% 为重度老龄化，超过 35% 则被定义为深度老龄化社会。

1.2.2 绝对老龄化

绝对老龄化指的是老年人口的绝对数量增加，而不考虑老年人口在总人口中所占的比例。绝对老龄化强调的是老年人口总数的增长，这种增长可能发生在整体人口增长、下降或保持不变的情况下。

截至 2023 年，日本 65 岁及以上人口已经达到了约 3 620 万，而在 2000 年，这一数字还在 2 200 万左右。尽管日本的总人口在逐年减少，但老年人口的绝对数量仍在持续增加，这就是典型的"绝对老龄化"现象。

1.2.3 相对老龄化

与绝对老龄化对应的还有相对老龄化。

相对老龄化指的是老年人口在总人口中所占的比例增加，即使老年人口的绝对数量可能没有显著增加或总人口有所变化，老年人口相对于其他年龄段人口的比例上升。这种现象通常发生在出生率下降、死亡率降低和人均预期寿命延长的情况下。中国在过去几十年内进入了快速的相对老龄化进程，老年人口比例从 2010 年的 8.9% 迅速增加到 2023 年的 18.2%，这种上升主要受到中国生育率下降和预期寿命延长的推动。

从上面的定义可以看出，我们在谈到老龄化时，一般指的是相对老龄化。

1.3 中国老龄化现状

根据 2020 年第七次全国人口普查数据，中国 60 岁及以上人口为 2 亿 6 402 万，占总人口的 18.7%；65 岁以上人口为 1 亿 9 064 万，占总人口的 13.5%。由图 1-1，2023 年年末全国人口中，60 岁及以上人口占总人口的 21.1%，老龄化程度进一步加深。截至 2023 年年末，全国人口为 140 967 万，比上一年末减少 208 万。全年出生人口为 902 万，出生率为 6.39‰；死亡人口为 1 110 万，死亡率为 7.87‰；自然增长率为 -1.48‰。2022—2023 年，中国连续两年出现人口负增长的情况，这表明

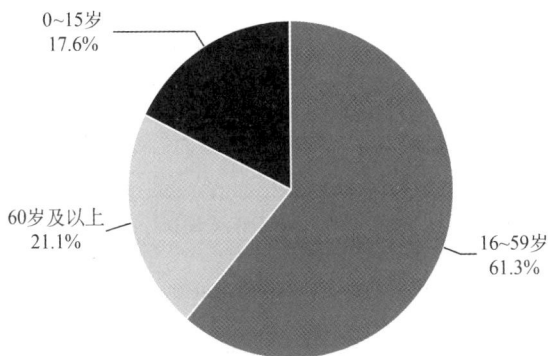

图 1-1　2023 年年末全国人口年龄结构图
资料来源：国家统计局。

人口增长呈现负增长趋势。

根据 2022 年《国务院关于加强和推进老龄工作进展情况的报告》调查数据，预计在"十四五"时期，60 岁及以上老年人口总量将突破 3 亿，占比将超过 20%，这意味着中国将正式进入中度老龄化阶段。而到 2035 年，60 岁及以上老年人口将增加到 4.2 亿左右，占比将超过 30%，标志着中国将进入重度老龄化。中国老年人口的年均增长率远远超过总人口的年均增长率，因此人口老龄化的演进速度比世界上超过一亿人口的所有国家的演进速度都要快，比世界平均速度快一倍多。这表明中国面临着严峻的人口老龄化挑战，需要采取有效措施来适应和缓解这一趋势。

与其他国家相比，中国老龄化的速度远超常规速度，进程之快令人惊叹。从进入老龄化社会的时间节点来看，中国在 2000 年已进入轻度老龄化社会，预计进入中度老龄化社会的时间为 2025 年。从轻度老龄化进入中度老龄化，法国花了 115 年，美国是 65 年，德国是 45 年，而日本和韩国这两个东亚发达国家花费的时间与中国类似，日本是 24 年，韩国仅用了 18 年（见表 1-1）。

表 1-1　各国从轻度老龄化进入中度老龄化的时间

国家	进入轻度老龄化 社会的年份	进入中度老龄化 社会的年份	从轻度老龄化到 中度老龄化用时
法国	1865 年	1990 年	115 年
德国	1930 年	1975 年	45 年
美国	1950 年左右	2014 年	约 65 年
日本	1971 年	1995 年	24 年

（续表）

国家	进入轻度老龄化 社会的年份	进入中度老龄化 社会的年份	从轻度老龄化到 中度老龄化用时
韩国	2000 年	2018 年	18 年
中国	2000 年	2025 年（预计）	约 25 年

资料来源：世界卫生组织，World Health Statistics 2020。

2. 老龄化与社会经济

人口老龄化作为全球性的重大社会经济趋势，对各国的经济结构和社会发展产生了深刻影响。这一现象涉及劳动力市场、社会保障体系、医疗体系以及经济增长等多个层面。

2.1 劳动力市场的变化

2.1.1 劳动力短缺

人口老龄化导致劳动年龄人口（一般指 15～64 岁）比例下降，从而引发劳动力市场供给不足。例如，日本的劳动年龄人口从 1995 年的 8 700 万减少至 2020 年的 7 400 万，减少了 1 300 万人。欧盟劳动年龄人口也从 2009 年的 3.31 亿，预计到 2050 年将降至 2.92 亿左右。中国的劳动年龄人口比例从 2010 年的 73.5% 下降至 2023 年的 68.5%。这种趋势对劳动密集型产业国家或地区的经济发展和生产力水平构成挑战。

年轻劳动力的减少导致企业开始依赖老年劳动力，日本 65 岁及以上的劳动参与率从 2000 年的 9.1% 增加到 2023 年的 13.5%。美国的许多企业也开始雇用更多的老年员工。根据美国劳工统计局的数据，65 岁及以上的人口就业率从 2000 年的 12.8% 上升到 2021 年的 19.6%，老年劳动力的参与度显著增加。

许多国家开始推迟退休年龄，以维持劳动力供给的稳定。德国已经将法定退休年龄从 65 岁逐步提高到 67 岁，并正在讨论进一步提高到 70 岁。这一举措旨在应对劳动力市场的紧张状况，同时减轻养老保险系统的负担。

2.1.2　劳动生产率下降

老龄化伴随的劳动生产率下降，即生产力下降，是因为老年群体的体力和认知能力下降，导致工作效率和创新能力不如年轻人，从而影响整体经济增长。

2.1.3　抚养比加大

抚养比又称抚养系数，即非劳动年龄人口对劳动年龄人口数之比，反映了劳动力的抚养负担。抚养比越大，表明劳动力人均承担的抚养人数就越多，即意味着劳动力的抚养负担就越严重。

少儿抚养比，即 0～14 岁人口与劳动力人口（15～64 岁人口）之比。

老年抚养比，即 65 岁及以上人口与劳动力人口（15～64 岁人口）之比。

少儿抚养比下降体现的是出生率下降、少儿人口的减少，而老年抚养比上升则体现的是人均寿命提高、老年人口的增加。

少儿抚养比加上老年抚养比，即总抚养比，是老龄人口加上未成年人口与劳动力人口的比值。

中国的少儿抚养比在 1980—2015 年下降了六成，而老年抚养比则不断上升，加剧了老龄化趋势（见图 1-2）。2023 年年末，中国人口总抚养比为 46.5%，其中老年人口抚养比为 22.5%，养老压力不断加大。

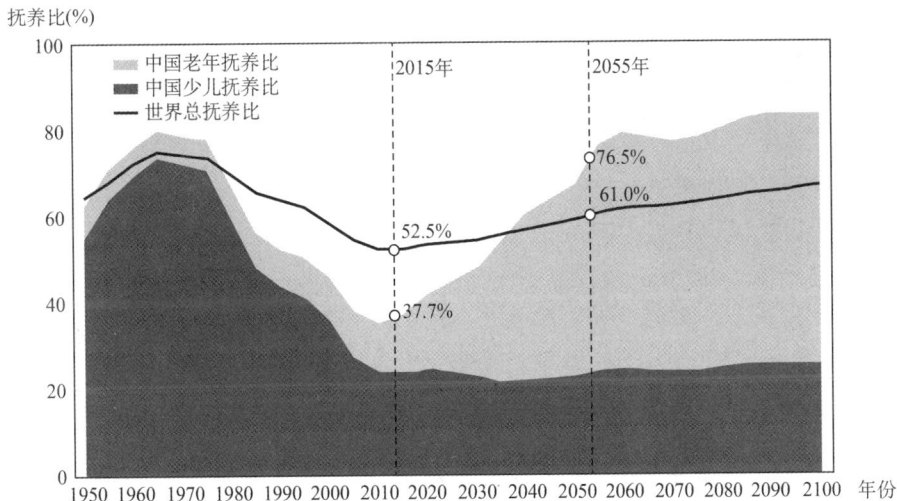

图 1-2　中国历年抚养比及预测

数据来源：联合国经济与社会事务部人口司。

2.2 社会保障体系的压力

2.2.1 养老金体系的可持续性

随着老年人口的增加，领取养老金的人数不断上升，而年轻劳动力减少造成缴纳养老金的工作人口相对减少，导致养老金体系的可持续性面临严重挑战。同时，年轻一代可能需要承担更高的税负以支持老年人的福利，这可能引发代际冲突和社会不满。中国养老金缺口在养老制度不变的情况下，预计到 2033 年将达到 68.2 万亿元，占当年 GDP 的 38.7%。

2.2.2 医疗和护理成本的上升

老年人通常需要更多的医疗服务和长期护理，老年人口的增加对个人、家庭及国家医疗系统和财政构成压力。医疗系统可能面临资源不足的挑战，特别是在护理人员和医疗设施的配备方面。

2.2.3 社会福利政策的调整

为应对人口老龄化带来的社会保障压力，各国政府调整社会福利政策，采取包括缩减福利、增加税收、鼓励私人储蓄等措施。

英国实行自动注册的养老金计划，即所有符合条件的员工必须自动加入雇主提供的养老金计划，提高私人养老金覆盖率，缓解国家养老金体系的压力。

澳大利亚采取"超级年金"的模式，强制所有雇主为员工缴纳一部分工资作为退休金储蓄，以减轻政府的养老负担。

2.3 医疗体系的挑战

随着身体机能的衰退，老年人更容易患上慢性疾病且需要长期护理，导致对医疗服务的需求显著增加。这种需求的增加不仅体现在数量上，而且反映在医疗服务质量和多样性上。

德国虽拥有欧洲较为完善的医疗体系，但老龄化带来了医疗资源分配和成本控制的挑战。德国的慢性病患者中，超过 70% 是 65 岁及以上的老年人群。由于这些患者的长期治疗和护理需求，医院床位和护理人员的压力剧增，迫使政府增加对医疗和护理行业的投资。

老龄化加剧导致医疗支出增长速度超过 GDP 增长。这种趋势在发达国家尤为明显，在一些快速发展的发展中国家也逐渐成为一个严重问题。

韩国的老龄化速度是世界上最快的国家之一。根据韩国国家统计局的数据，韩国的医疗支出从 2010 年占 GDP 的 7.1% 增加到 2020 年占 GDP 的 8.7%。

老龄化进程加快，导致长期护理需求急剧增加，其中涉及医疗服务、日常生活帮助、心理支持等多方面的需求。

日本的长期护理保险制度自 2000 年实施以来，覆盖了大部分 65 岁及以上的老年人，通过分担护理费用，减轻了家庭的经济负担，但同时也带来了财政压力的增加。

2.4　经济增长的影响

老龄化导致劳动力减少、生产力下降和消费需求变化，影响国家的经济增长速度。随着老龄化的加剧，许多国家的 GDP 增长率出现了明显的放缓。另外，由于工作年龄人口减少，因此，税收收入增长放缓，政府面临更大的财政赤字压力。

日本政府为应对老龄化带来的养老金支付压力，不得不多次上调消费税，以抑制国内消费需求。

人口老龄化导致消费结构变化，传统产业萎缩，老龄产业兴起。一些依赖年轻消费者的行业，如时尚业、娱乐业等，可能萎缩。而与老年人相关的产业，如医疗保健、康复设备、养老服务业等，则快速发展。

中国社会科学院预测，到 2050 年，中国老年相关产业的市场规模将超过 30 万亿元人民币。这一消费结构的转变为经济增长提供了新的动能，但也对传统产业发展构成挑战。

老龄化影响储蓄与投资行为，老年人的储蓄减少、消费增加，或进行较为保守的投资，都可能导致资本市场流动性下降和投资回报率降低。

2.5　积极应对人口老龄化

尽管老龄化带来挑战，但也为经济转型和产业升级提供了机遇。合理的政策设计和有效实施可以缓解老龄化的负面影响，甚至转化为经济发展的动力。

2.5.1　提高劳动参与率

为应对老龄化带来的劳动力减少问题，许多国家采取措施提高劳动参与率，特别是鼓励女性和老年人加入劳动力市场。例如,瑞典政府推行灵活的退休政策,使老年人可以选择延迟退休或部分退休,同时提供职业培训和再就业支持。

2.5.2 改革养老金体系

各国政府积极改革养老金体系,确保其可持续性。改革方向包括延长退休年龄、调整缴费比例和鼓励私人养老金储蓄等。例如,英国的自动注册养老金计划被认为是全球养老金改革的成功范例之一。这一政策显著增加了私人养老金的覆盖率,帮助减轻了国家养老金体系的负担。

2.5.3 发展老龄产业

随着老龄化的加剧,老龄产业成为新的经济增长点。各国政府和企业积极投资于与老年人相关的产品和服务,如医疗保健、养老服务、康复设备等。例如,日本已经形成了一个庞大的老龄产业,包括从养老院到高科技辅助设备的各个方面。政府和企业通过技术创新和服务升级,不断满足老年人多样化的需求。

2.5.4 技术创新与自动化

为应对劳动力减少和生产力下降的问题,推动技术创新与自动化是许多国家的重要战略。通过引入先进技术,提升生产效率,不仅缓解了劳动力不足的问题,还推动了技术进步和产业升级。

人口老龄化的加剧促使中国许多制造企业加快了自动化改造的步伐。珠三角和长三角地区的许多工厂已经引入大量工业机器人,以替代劳动密集型的生产环节,从而保持竞争力并提高生产效率。

2.6 健康老龄化与积极老龄化

健康老龄化与积极老龄化是应对人口老龄化的重要概念和实践框架,目的是提高老年人的生活质量,延长健康寿命,并最大限度地发挥老年人在社会中的积极作用。

2.6.1 健康老龄化

世界卫生组织将健康老龄化定义为,在整个生命过程中,通过适应性健康行为、疾病预防、及时治疗和康复,最大程度地维持和提高身体、心理和社会健康的状态。

健康老龄化通过促进身体、心理和社会健康，使老年人保持最佳健康状态和功能水平，延长健康寿命（无疾病或功能障碍的寿命）。

推动健康老龄化的方式主要包括以下几个方面。

（1）预防性健康行为：鼓励老年人养成健康的生活习惯，如健康饮食、规律锻炼、戒烟限酒等，预防慢性病的发生。

（2）疾病管理与治疗：提供全面的健康检查和早期干预，及时诊断和治疗疾病，减少疾病对老年人生活质量的影响。

（3）心理健康支持：通过心理咨询、社交活动和社区支持，帮助老年人应对孤独、焦虑和抑郁等心理问题，保持积极的心态。

（4）康复与长期护理：为患病或功能受限的老年人提供适当的康复治疗和长期护理服务，以帮助他们恢复和维持日常功能。

2.6.2　积极老龄化

世界卫生组织将积极老龄化定义为增强老年人在社会、经济、文化、精神和公民生活各个领域参与机会的过程。

积极老龄化强调老年人在健康、经济、安全和社会等多个方面的参与和贡献，鼓励老年人保持积极的生活态度和社会参与。

推动积极老龄化的方式主要包括以下几个方面。

（1）社会参与：鼓励老年人参与社区活动、志愿服务、文化娱乐和教育培训，保持他们与社会的联系和积极心态。

（2）继续教育与就业：向老年人提供继续教育的机会，帮助他们学习新技能，支持他们延长工作年限或再就业，从而实现经济独立和自我价值。

（3）安全保障：加强社会保障体系，为老年人提供充足的养老、医疗和住房保障，确保他们在老年时期的生活安全和稳定。

（4）消除年龄歧视：通过立法和宣传，消除社会对老年人的偏见和歧视，营造尊重和包容的社会氛围，增强老年人的自尊和自信。

2.6.3　健康老龄化与积极老龄化的关系

健康老龄化和积极老龄化是应对人口老龄化的重要策略，它们不仅提高了老年人的生活质量，而且为社会的可持续发展提供了新的动力。

健康老龄化与积极老龄化虽然侧重点不同，但它们是互补的，密切相关的。健康老龄化为积极老龄化提供了身体和心理上的基础，而积极老龄化则为健康老龄化创造了社会和环境条件。两者结合可以实现老年人身心健康与社会参与的双重目标。

3. 中国老龄化的特点

3.1 长寿化

长寿化是衡量一个国家居民健康水平的重要指标，受经济发展水平、医疗卫生条件、地理环境和文化习俗等因素的影响。中国已进入普遍长寿的时代，预期寿命不断增长。据《柳叶刀-公共卫生》杂志的研究预测，到 2035 年，中国平均预期寿命将增长至 81.3 岁，其中女性平均寿命为 85.1 岁，男性平均寿命为 78.1 岁，两者差距为 7.0 岁。地区和性别差异显著，北京女性和上海男性的预期寿命最高，北京女性达到 90 岁的概率为 81%，上海男性达到 83 岁的概率为 77%。

2022 年 7 月 11 日，联合国人口司发布《世界人口展望 2022》，报告主要内容如下。

（1）全世界平均预期寿命达到 71.0 岁。1950 年，全世界平均预期寿命为 46.5 岁，2000 年提高至 66.5 岁，这 50 年间提高了 20 岁，年均增加 0.40 岁。进入 21 世纪后，全球经济迎来了快速发展，医疗卫生条件明显改善，人民生活水平显著提高，平均预期寿命大幅提高，这一数据在 2021 年达到 71.0 岁，用 21 年时间提高了 4.5 岁，年均增加 0.21 岁。

（2）不同收入水平国家的平均预期寿命差异较大。从收入水平分类来看，2021 年，低收入、中等收入、高收入国家（世界银行标准界定）的平均预期寿命分别为 62.5 岁、70.1 岁、80.3 岁（见表 1-2）。高收入国家普遍进入了长寿时代，低收入国家的平均预期寿命比全球平均水平低 8.5 岁，比高收入国家低 17.8 岁，这表明不同收入水平国家之间存在着明显的预期寿命差距。

表 1-2　全球平均预期寿命变动（岁）

世界 / 国家	2000 年	2010 年	2019 年	2020 年	2021 年
全世界	66.5	70.1	72.8	72.0	71.0
低收入国家	52.5	59.3	63.3	62.9	62.5

（续表）

世界/国家	2000 年	2010 年	2019 年	2020 年	2021 年
中等收入国家	65.6	69.1	72.0	71.3	70.1
中低收入国家	62.2	65.7	68.9	68.1	66.4
中高收入国家	70.5	73.9	76.5	75.7	75.3
高收入国家	77.6	80.0	81.2	80.4	80.3
中国	71.9	75.6	78.0	78.1	78.2

资料来源：World Population Prospects 2022。

（3）中国平均预期寿命居于中高收入国家前列。随着中国经济总量持续扩大，人均国内生产总值稳步超过 1 万美元，即将迈入高收入国家行列。2021 年，中国人均国内生产总值达到 12 551 美元，超过世界平均水平，接近高收入国家行列门槛。中国平均预期寿命明显高于中高等收入国家 2.9 岁。

（4）中国平均预期寿命与发达国家差距明显缩小。2021 年，美国平均预期寿命为 77.2 岁，不及发达国家平均水平（根据联合国标准，2021 年为 78.1 岁），比作为发展中国家的中国还低 1.0 岁。日本平均预期寿命显著高于美国、英国、德国、意大利等发达国家，2021 年，日本、英国、德国、意大利的平均预期寿命分别为 84.8 岁、80.7 岁、80.6 岁、82.9 岁。中国与这些发达国家的平均预期寿命差距进一步缩小，比如与日本的差距从 2000 年的 9.6 岁缩小至 2021 年的 6.6 岁，与德国的差距从 6.2 岁缩小至 2.4 岁（见图 1-3）。

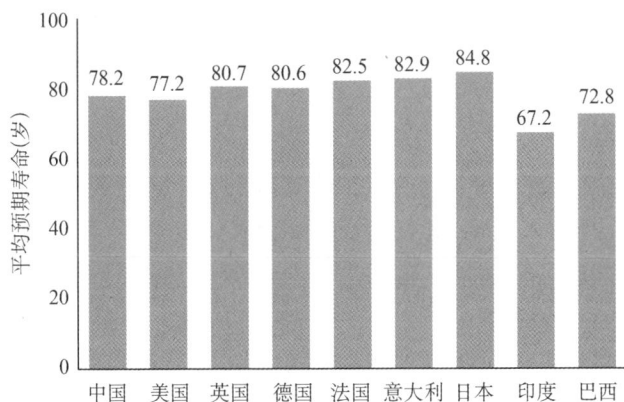

图 1-3　2021 年部分国家平均预期寿命比较

资料来源：World Population Prospects 2022。

（5）2035 年、2050 年全世界平均预期寿命分别增加至 75.3 岁、77.2 岁（见表 1-3）。2021—2035 年将增加 4.3 岁，年均增加 0.30 岁；2035—2050 年将增加 1.9 岁，年均增加 0.13 岁。

（6）不同收入水平国家之间的平均预期寿命差距有所缩小。从收入水平分类来看，2035 年，低收入、中等收入、高收入国家平均预期寿命分别为 66.5、74.9 岁、83.5 岁，低收入与高收入国家之间的差距为 17.0 岁；2050 年，三类国家的平均预期寿命分别为 68.8 岁、77.1 岁、85.4 岁，低收入与高收入国家之间的差距为 16.6 岁（见表 1-3）。

表 1-3　全世界平均预期寿命展望（岁）

世界 / 国家	2035 年	2050 年
全世界	75.3	77.2
低收入国家	66.5	68.8
中等收入国家	74.9	77.1
中低收入国家	71.9	74.3
中高收入国家	79.5	81.9
高收入国家	83.5	85.4
中国	81.1	83.8

资料来源：World Population Prospects 2022。

（7）2035 年、2050 年中国平均预期寿命分别增加至 81.1 岁、83.8 岁。2021—2035 年，预期寿命将增加 2.9 岁，年均增加 0.21 岁；2035—2050 年将增加 2.7 岁，年均增加 0.18 岁。

（8）中国平均预期寿命与高收入国家之间的差距进一步缩小。2021 年，中国平均预期寿命与高收入国家之间的差距为 2.1 岁，2035 年扩大至 2.4 岁，2050 年缩小为 1.6 岁。2050 年，美国、英国、日本、德国、意大利的平均预期寿命分别为 83.7 岁、85.9 岁、88.3 岁、85.8 岁、87.7 岁。届时，中国平均预期寿命仍高于美国 0.1 岁，与其他发达国家差距继续缩小，如与日本的差距缩小为 4.5 岁（见图 1-4）。

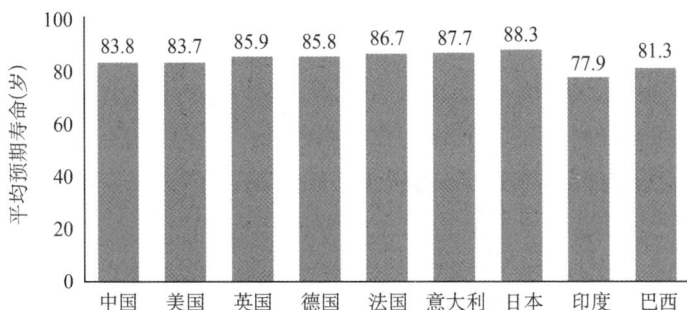

图 1-4　2050 年部分国家平均预期寿命比较

资料来源：World Population Prospects 2022。

3.2　少子化

少子化是指生育率下降，造成幼年人口逐渐减少的现象。少子化代表未来人口可能逐渐变少，对于社会结构、经济发展等各方面都会产生重大影响。如果新一代人口增加的速度远低于上一代人口自然死亡的速度，就会造成人口不足，因而少子化是许多国家非常关心的问题。

总和生育率（简称"生育率"）是指平均每位育龄妇女生育的子女数。一般将育龄妇女的年龄界定为 15～49 周岁。根据联合国相关定义，2.1 是维持代际更替、人口稳定的生育率；国际社会通认警戒线为 1.5，低于此警戒线可能跌入"低生育率陷阱"。当总生育率降至 1.5 时，人口将进一步下降，再次提高生育率将变得更加困难。

20 世纪 70 年代以前，中国的生育率一度超过 6。当时为了控制人口的快速增长，我国实行计划生育，这一政策有效地控制了过快的人口增长速度，导致生育率快速下降。

根据第七次人口普查数据，2020 年我国的总和生育率为 1.3，低于国际社会通常认为的 1.5 的警戒线。中国人口与发展研究中心数据显示，2022 年中国总和生育率已下滑至 1.09，在目前世界上人口过亿的国家中属于最低生育水平（见图 1-5 ）。

影响生育意愿的因素很多，大致可分为生物因素和社会因素。一般而言，生物因素是人体本身的影响因素，包括遗传、激素分泌水平等；社会因素是人体外部的影响因素，包括经济水平、教育程度、风俗习惯等。随着工业化和城市化进程的不断深入，社会因素越来越成为影响生育率的关键。

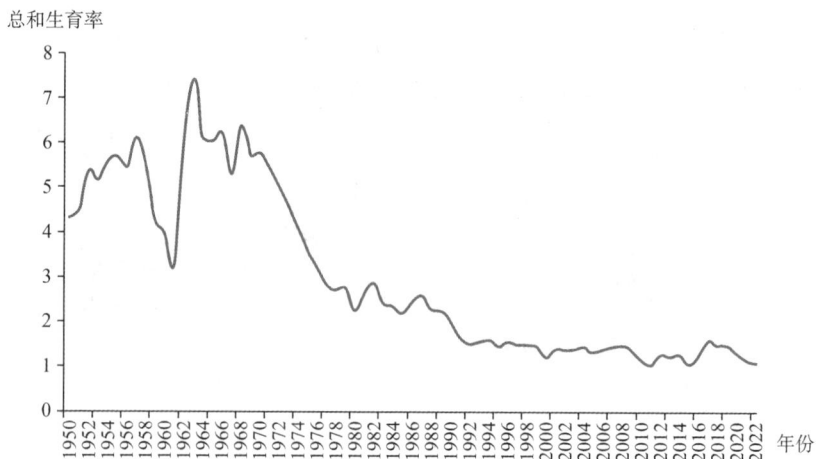

图 1-5 我国总和生育率

数据来源：国家统计局、育娲人口研究智库。

联合国数据显示，当前低生育率已成为全球性趋势，目前全球有一半的人口生活在总和生育率低于 2.1 的国家和地区，预计 2045 年后全球出生人口数量将开始逐年下降。

3.3 未富先老

中国在经济高速增长后迅速进入老龄化社会，与发达国家不同，中国在尚未完全实现经济富裕的情况下，面临着老龄化带来的挑战。这种"未富先老"的现象对经济增长和社会稳定产生了重大影响。

发达国家老龄化进程与经济发展基本同步。根据世界银行的定义，目前高收入经济体的标准为人均国民收入（约等于人均 GDP）超过 13 205 美元，如果按不变价格计算，当前的发达国家在过去未达到老龄化前，就都已经步入高收入经济体行列，即先富后老（见表 1-4）。

表 1-4 发达国家先富后老

国家	老龄化占比达到 14% 年份	进入深度老龄化时人均 GDP（美元）	2021 年老龄化人口占比（%）	2021 年人均 GDP（美元）
德国	1972	3 810	22	50 802
瑞典	1973	7 301	20	60 239

（续表）

国家	老龄化占比达到14%年份	进入深度老龄化时人均GDP（美元）	2021年老龄化人口占比（%）	2021年人均GDP（美元）
英国	1976	4 138	19	47 334
瑞士	1986	24 480	19	93 457
意大利	1988	15 745	24	35 551
法国	1990	21 794	21	43 519
葡萄牙	1992	10 811	23	24 262
日本	1994	39 934	29	39 285
荷兰	2004	40 437	20	58 061
加拿大	2010	47 562	19	52 051
澳大利亚	2013	68 157	17	59 934
美国	2014	55 124	17	69 288
新西兰	2014	44 573	17	48 802
韩国	2018	33 437	17	34 758
新加坡	2021	72 794	14	72 794

数据来源：Wind，中泰证券研究所。

1978 年，中国开始实行改革开放政策，这一重大历史转折开启了我国现代化建设的新时代。四十多年来，中国经济以惊人的速度崛起，成为全球第二大经济体。然而，鉴于中国人口基数巨大，老龄化和长寿化导致老年人口大量增加，而出生率下降导致劳动力人口骤然减少，再加上人均 GDP 与发达国家仍有一定的差距，这些因素都让老年人的财务状况雪上加霜，是典型的"未富先老"社会形态。

在老龄人口占比超过 14% 的 12 个省及直辖市中，辽宁、四川、吉林、黑龙江和湖南的人均 GDP 不足 7 000 元。而经济发达省市中，北京和浙江的老龄化水平适中，福建和广东老龄化水平则相对较低（见图 1-6）。

3.4 婴儿潮退休

婴儿潮指的是在某一时期及特定地区，出生率大幅度提升的现象。婴儿潮这

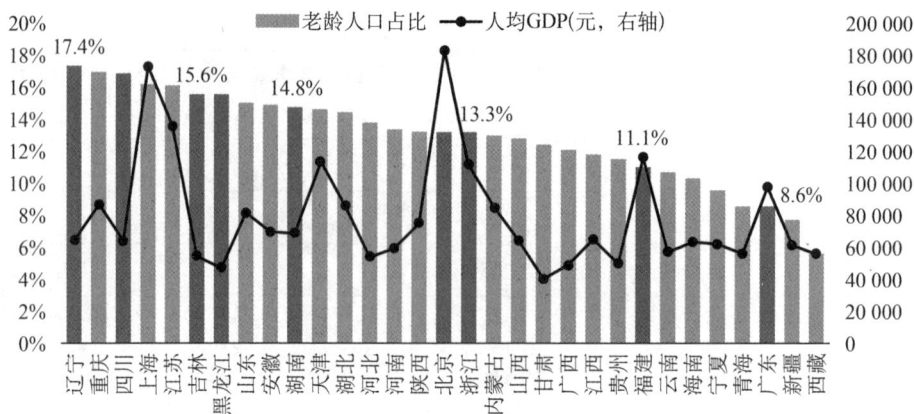

图1-6　中国老龄人口占比与人均GDP对比

数据来源：Wind，中泰证券研究所。

个词的首次出现，主要是指美国在第二次世界大战后出现的"4664"现象，即从1946—1964年这18年间，婴儿潮人口高达7 800万人。

《中国养老行业发展报告2022》研究认为，从第六次人口普查到第七次人口普查10年间，中国老龄化进程加快，而真正的加速则是从2022年开始。2022年之所以成为中国老龄化加速的元年，缘起于60年前的婴儿潮。

中华人民共和国成立后共出现过三次婴儿潮。

第一次婴儿潮（大约为1949—1958年）发生在中华人民共和国成立后，社会安定，经济发展，国家实行了鼓励生育的政策，人口出现恢复性增长，人口增长率将近300%。全国平均每年出生人口2 088万人，出生率35.6‰，当时全国总人口只有5亿～6亿的规模。

第二波婴儿潮（大约为1962—1973年）的高峰出现在1965年，持续至1973年，是我国历史上出生人口最多、对后来经济影响最大的主力婴儿潮。这时期，国民经济情况逐渐好转，补偿性生育来势猛烈，10年间全国共出生近2.6亿人。全国平均每年出生人口2 623万人，出生率35.3‰，其中1963年是中国历史上人口出生最多的一年，这一年出生人数多达2 856万人。

第三波婴儿潮（大约为1986—1990年）是由于上一波婴儿潮的新增人口已经成家立业，进入生育年龄，产生第三次婴儿潮，称作回声婴儿潮。其中1990年是这5年中出生人口最多的一年。由于计划生育政策，此次婴儿潮出生人口总量虽不及主力婴儿潮，但也达到了1.24亿。全国平均每年出生人口2 296万人，出生率为21.5‰。

　　在我国开放二孩生育政策之后，很多人预测我国的第四次婴儿潮会再次出现，但这一次婴儿潮并没有如期而至。

　　根据国家统计局数据，20 世纪 60 年代，出生人口高达 2.39 亿人，而 70 年代则达到了近 2.17 亿。第二波婴儿潮期间出生的"60 后"和"70 后"在 2022—2035 年陆续步入老年期，导致劳动年龄人口持续大幅度下降，养老金压力加大。随着"60 后"群体陆续进入退休生活，我国将迎来史上最大"退休潮"。

　　这将带来两个问题。

　　一是劳动年龄人口持续大幅度下降。在这波"退休潮"中，每年都会有超过 2 000 万人退休。与此同时，我国每年新增的潜在劳动力供给为 1 700 万～1 800 万。这意味着我国每年都会减少 300 万～500 万劳动年龄人口。那么未来几年的从业人员包括潜在的劳动力供给都会大幅度持续减少。

　　二是养老金压力加大。一方面退休人数增加，导致领取养老金的人数增多；另一方面退休人数比新增加的就业人数多，缴纳养老金的人数持续下降。

　　随着我国人口老龄化趋势的不断加剧，养老问题已上升为事关国计民生的头等大事。面对日益严峻的养老保障形势，如何加快构建多层次的养老保障体系，做好养老规划，使老有所养、老有所依，是摆在我们面前最紧迫的一项任务。

第 2 章

养老产业的发展与前景

导读

自 20 世纪 80 年代以来，中国经历了飞速的经济增长和社会变革，同时也面临着人口老龄化的深刻挑战。这种人口结构的变化对社会各方面提出了前所未有的挑战，尤其是在养老服务体系方面。

尽管中国已建立了一套养老服务体系，但仍面临诸多问题，包括养老资源不足、服务质量参差不齐、服务地域不均和家庭养老压力加大。例如，按照国际标准，每三位失能老人需要一名护理员。然而，中国目前有 4 800 万失能老人或半失能老人，按照比例，应该配备近 1 000 万名护理员工。但实际上，能够提供合格服务的护理员仅有约 50 万，这凸显了养老服务人才的严重短缺问题。

中国的养老产业起步较晚。1997 年 5 月 28 日，首次老龄产业研讨会上，中国老龄协会会长张文范首次提出"老龄产业"这一概念。2000 年，国务院办公厅发布了《关于加快实现社会福利社会化的意见》，提出了发展多种所有制形式的社会机构的目标。此后，随着国家对养老问题的关注不断加深，政府逐年出台了一系列政策。

2021 年 12 月，国务院办公厅正式印发了《"十四五"国家老龄事业发展和养老服务体系规划》。这份规划旨在系统化推动中国养老事业的发展，并为养老服务体系的建设和完善提供了详细的指导。其核心目标是积极应对日益严峻的老龄化社会挑战，确保老年人在晚年生活得更加幸福和有尊严。

《"十四五"国家老龄事业发展和养老服务体系规划》是《国家积极应对人口老龄化中长期规划》的具体实施细则和行动指南。该规划涵盖了 2021—2025 年的养老事业发展方向、主要目标和具体措施，为中国养老事业的发展提供了明确的方向和详细的措施。

根据国家统计局的数据，2019 年中国养老产业从业人数为 1 049 万人，比 2018 年增加了 12.2%，预计 2025 年将达到 2 600 万人。随着人口老龄化的加速，养老服务需求的增长将推动养老产业成为经济增长的新亮点。中国养老产业的市场规模正在显著扩大，养老服务趋于多元化和专业化，以满足老年人群体的多样化需求。

1. 养老需求的多样化

随着社会快速老龄化，养老需求的多样化特征日益明显。不同老年人群体因经济状况、健康状况、社会关系等因素，展现出不同层次的养老需求。

1.1　基本生活需求

基本生活需求是所有老年人群体的核心需求，包括衣食住行等日常生活的方方面面。随着年龄的增长，老年人自理能力下降，对基本生活需求的依赖性增加。这种需求不仅体现在物质层面，而且包括对居住环境、个人安全和饮食的更高要求。

1.1.1　居住需求

老年人的居住需求不仅限于安全和舒适，还需要配备完善的无障碍设施，如防滑地板、扶手、轮椅通道等。老年人的居住环境应具备便捷的生活设施，如医疗资源、购物场所和社区活动中心，以确保其生活质量。

1.1.2　饮食需求

老年人随着年龄的增长，消化功能和营养需求发生变化，尤其需要低脂、低糖、高纤维的饮食。养老机构和家庭须为老年人提供科学的饮食规划，确保其营养均衡。

1.1.3　个人安全

随着自理能力的减弱，老年人对个人安全的需求显著增加。例如，在家庭环境中，需要安装智能监控系统、紧急呼叫装置，以应对突发情况。

根据中国老龄科学研究中心发布的《中国老龄产业发展报告（2021—2022）》，截至 2022 年年末，国内 60 岁及以上老年人达到 2.8 亿，其中半失能、失能和失智老人约 4 400 万。这意味着，每 6 位超过 60 岁的老年人中，就可能有一位无法自理。80 岁以上的高龄老人中，失能、半失能率达 40% 左右。

1.2　医疗护理需求

医疗护理需求是老年群体在健康状况逐渐恶化时的主要需求。随着年龄的增加，慢性病、心脑血管疾病等多发病率上升，老年人对医疗护理服务的需求日益增加。这类需求不仅包括对常规医疗服务的依赖，还包括对康复护理、长期护理以及临终关怀的需求。

根据国家卫生健康委 2023 年统计数据显示，我国有超过 1.9 亿老年人患有慢性病。其中，75% 的 60 岁及以上老年人至少患有 1 种慢性病，43% 有多病共存（同时患有 2 种及以上疾病）。

老年人患有慢性病的比例较高，如高血压、糖尿病、骨关节病等。这些疾病需要长期管理和定期随访。老年人在术后或重大疾病后的康复过程中，需要专业的康复护理服务，包括物理治疗、语言治疗、心理支持等。临终关怀强调减轻病痛，提升生活质量，并为老年人提供有尊严的离世体验。

1.3 社会心理需求

随着家庭结构的变化，老年人的孤独感、失落感等心理问题日益严重，社会心理支持成为养老服务的重要组成部分。

独居老年人、失独老年人或与子女关系疏远的老年人，容易产生孤独感和社会隔离感。这种心理状态如果得不到及时干预，就可能发展成抑郁症或焦虑症。

许多老年人在退休后，因失去工作而感到失去价值和方向。这种情况下，老年人需要通过新的社会角色，如志愿者、社区活动参与者等，来重新体现自我价值。

社会支持网络包括家庭、朋友、社区、宗教团体等，为老年人提供情感支持和精神慰藉。一个强大的社会支持网络可以显著降低老年人患上心理疾病的风险。

《中国老龄发展报告 2024——中国老年人心理健康状况》是由中国老龄科学研究中心组织撰写的老龄领域蓝皮书。根据蓝皮书，我国 23.76% 的老年人有不同程度的孤独感受，其中 4.75% 的老年人"经常感到孤独"。同时，我国 26.4% 的老年人存在不同程度的抑郁症状，其中 6.2% 的老年人有中重度抑郁症状。

1.4 高净值人群的个性化需求

随着财富的积累，高净值老年人群体的出现使得个性化养老需求逐渐增加。这些人群更倾向于高端养老服务，他们不仅追求物质上的满足，更追求精神层面的高质量生活。

1.4.1　定制化医疗服务

高净值老年人通常追求更高水平的医疗保障，如私人医生、专属医疗团队、定期健康体检和国际医疗资源等。许多高端养老社区与国内外知名医院合作，为老年人提供顶级的医疗服务。

1.4.2　高端养老地产

高净值老年人倾向于选择环境优美、设施完善的高端养老社区，这些社区通常提供五星级酒店般的居住环境和服务，包括高尔夫球场、私人会所、温泉疗养等休闲娱乐设施。

1.4.3　文化和娱乐需求

高净值老年人通常具有较高的文化素养和品位，他们的养老生活不仅限于基本的物质需求，还包含丰富的文化活动，如音乐会、艺术展览、旅行等。

据波士顿咨询公司发布的《2023 年全球财富报告》，中国的高净值家庭数量已超过 2 000 万，其中相当一部分已进入老年阶段，预计到 2030 年，中国高净值老年人群对高端养老服务的市场需求将达到 3.5 万亿元人民币，占整个养老市场的 15% 以上。这表明高端养老市场将成为未来养老产业的重要组成部分。

2. 养老服务与产品创新

随着养老市场的发展，养老需求逐步多样化，养老服务和产品的创新变得尤为重要。养老市场未来的增长潜力巨大，创新不仅能够满足不同层次的养老需求，而且能为养老产业的发展提供新的增长点。

2.1　全球养老产业发展趋势

全球范围内，养老产业已成为继房地产、金融之后的第三大产业。随着各国老龄化进程的加快，养老产业的规模和重要性不断提升。不同国家和地区的养老产业发展各具特色，呈现出多样化的趋势。

北美和欧洲的养老产业已相对成熟，养老模式多样，包括居家养老、机构养老、社区养老等。随着智能技术的发展，智慧养老成为新的增长点，老年人能够通过智能设备实现健康监测、远程医疗和日常生活管理。

亚洲国家，特别是日本和中国，正在快速追赶全球养老产业的发展步伐。由于文化背景和家庭结构的不同，亚洲国家的养老模式更多地依赖家庭和社区，然而，随着经济的发展和社会观念的转变，机构养老和智能养老技术正在逐步普及。

在一些新兴市场国家，如巴西、印度，养老产业尚处于起步阶段。随着经济的发展和老龄化进程的加快，这些国家的养老需求将迅速增长，养老产业将成为新的经济增长点。

此外，联合国发布的《世界人口老龄化报告》指出，到2050年，全球65岁及以上人口将达到16亿，占全球总人口的16%。这一趋势表明，全球养老产业的市场需求将持续增长，特别是在医疗护理、智能养老和高端养老领域。

2.2　养老产业的发展策略

养老产业，作为应对人口老龄化的重要支柱，涵盖了为老年人提供的各种养老及相关产品（货物和服务）的生产活动集合。该产业不仅包括专门为养老或老年人提供产品的活动，而且包括适合老年人的养老用品和相关产品制造活动。

养老产业的发展策略是一个多维度、系统化的过程，旨在积极应对人口老龄化挑战，满足老年人多样化、多层次的养老服务需求。

养老产业的发展策略需要从优化养老服务供给结构、推动养老产业的技术创新、健全养老服务的政策和监管体系、拓展养老产业的多元化发展路径等多个方面入手，形成合力推动养老产业高质量发展。

2.3　优化养老服务供给结构

随着人口老龄化的加剧，养老服务需求不断增加，优化养老服务供给结构，提升服务的质量和效率成为我国当务之急。以下为一些参考措施。

2.3.1　加强农村养老服务体系建设

针对农村养老服务的薄弱环节，加大政策支持和资金投入，推动农村养老服务体系的建设。通过村级卫生室、社区服务站等设施，为农村老年人提供基本的医疗护理和养老服务。

2.3.2 推动城乡养老资源的共享与合作

通过城乡联动、资源共享的方式，促进城市和农村养老服务的均衡发展。例如，鼓励城市养老机构在农村设立分支机构，提供远程护理和医疗服务，提升农村养老服务的水平。

2.3.3 加强养老护理人员的培训与管理

提高养老护理人员的专业水平，建立健全的培训和考核体系，确保护理服务的质量和安全。

2.3.4 引入国际先进养老服务标准

通过引入国际先进的养老服务标准和管理经验，提升国内养老服务的专业化水平。特别是在高端养老服务领域，可借鉴国际经验，提升服务的品质和个性化水平。

2.4 推动养老产业的技术创新

技术创新是推动养老产业发展的重要动力。通过引入新技术，可以提升养老服务的效率和质量，为老年人提供更好的生活体验。

智能养老技术的应用正逐步改变传统的养老模式。物联网、人工智能、大数据等技术的应用，可以更好地满足老年人的个性化需求。这些技术不仅提高了养老服务的效率，而且提高了老年人的生活质量和安全性。

2.4.1 物联网技术

物联网技术在养老服务中的应用，主要体现在智能家居和远程监护方面。通过安装传感器、智能设备，可以实时监测老年人的生活状况，并通过互联网与家属和医疗机构进行信息共享。例如，智能床垫可以监测老年人的睡眠质量，智能手环可以监测老年人的心率、血压等健康指标，当出现异常时，系统会自动报警。

2.4.2 人工智能

人工智能技术在养老中的应用，主要体现在智能助理、机器人护理等方面。智能助理可以通过语音识别和自然语言处理技术，为老年人提供日常生活的帮助，例如，提醒吃药、安排日程、解答问题等。机器人护理则可以代替护理人员进行简单的护理工作，例如，帮助老年人翻身、按摩、取物等，大大减轻了护理人员的工作负担。

2.4.3 大数据

通过大数据技术，可以对老年人的健康状况、生活习惯、心理状态等进行全面分析，帮助医疗机构和家属更好地了解老年人的需求，提供更有针对性的服务。例如，通过分析老年人的健康数据，可以预测疾病的发生风险，提前进行预防和干预。

智研咨询发布《中国智能养老行业市场现状调查及未来趋势研判报告》显示，2023 年我国智能养老市场规模已增长至 6 万亿元以上，其中，居家智能养老模式下的市场规模占比达 52.9%；2023 年我国智能穿戴设备市场规模已增长至 934.7 亿元，智能穿戴设备成为我国智能养老行业最主要的细分产品服务市场。

2.5 促进远程医疗与养老服务的融合

通过政策支持和技术推广，促进远程医疗服务在养老领域的广泛应用。特别是针对行动不便的老年人，远程医疗可以提供更便捷的医疗服务。

通过搭建信息共享平台，促进远程医疗与养老机构之间的合作，实现医疗资源的整合和优化，提高服务的质量和效率。

2.6 健全养老服务的政策和监管体系

政策和监管体系是保障养老服务健康发展的关键。通过健全的政策和监管，可以规范养老市场的秩序，提升服务的质量和公平性。可参考如下措施。

2.6.1 加强养老服务标准化建设

制定和推广统一的养老服务标准，确保服务的质量和安全。特别是在养老机构的管理、护理服务的提供等方面，建立健全的标准和规范。

2.6.2 完善养老服务的法律法规体系

通过立法手段，保障老年人的权益，规范养老服务的市场行为。特别是在养老地产、智慧养老等新兴领域，应制定相应的法律法规，确保市场的健康发展。

2.6.3　建立健全养老服务的监管机制

通过设立专门的监管机构，强化对养老服务市场的监督和管理。特别是对养老机构的资质、服务质量、收费标准等方面，进行严格的监管，以确保老年人的权益不受侵害。

2.6.4　推进养老服务的社会监督与评估

鼓励社会组织和公众参与养老服务的监督与评估，通过第三方评估机构，对养老服务的质量进行定期评估和公布，提升养老服务的透明度和公信力。

2.7　拓展养老产业多元化发展路径

养老产业的多元化发展是满足不同层次养老需求的重要途径。通过拓展养老产业的发展路径，可以为老年人提供更加丰富和多样化的选择。可参考如下路径。

2.7.1　推动养老 + 旅游产业的发展

结合旅游资源，开发适合老年人的旅游产品和服务，如老年人康养基地、老年人主题旅游线路等，满足老年人对健康、休闲的需求。

2.7.2　促进养老 + 健康产业的融合

通过整合医疗、护理、康复等资源，开发养老 + 健康的综合性服务模式，如健康管理中心、康复疗养院等，提升老年人的健康水平。

2.7.3　鼓励养老产业与其他产业的合作

通过政策支持和市场引导，鼓励养老产业与医疗、保险、教育、文化等其他产业的跨界合作，开发更多适合老年人需求的产品和服务。

2.7.4　推动养老产业的融合发展

通过建立产业联盟、共享平台等方式，促进养老产业内部的融合与协同发展，提高资源的利用效率和服务的整体水平。

中国养老产业正处于快速发展和转型的关键时期。面对人口老龄化带来的巨大挑战，政府、企业和社会各界需要共同努力，推动养老产业的可持续发展。未来，随着政策支持力度的加大和市场需求的不断增长，中国养老产业将迎来更加广阔的发展前景，为老年人提供更高质量的养老服务和生活保障。

3. 中国养老产业的现状与前景

3.1 中国养老产业的发展历程

中国养老产业的发展历程可分为三个阶段：政府主导下的以家庭养老为主的初期阶段、市场化探索和政策推动的发展阶段，以及多元化和技术创新的快速发展阶段。

3.1.1 初期阶段：政府主导下的以家庭养老为主（1950—1980 年）

1. 背景概述

在 1950—1980 年，中国社会经济基础相对薄弱，养老问题主要依赖家庭结构中的传统孝道文化。这一时期，养老模式以家庭为核心，政府和社会资源的参与较少，养老服务资源匮乏。

在这段时期，中国的养老主要依赖"家庭小农经济"和传统的"养儿防老"观念。北京的一个典型四合院家庭中，三代同堂是常见的现象。老人通常由家庭成员照顾，养老更多的是依靠家庭成员的感情和责任，而非公共设施或政府干预。

2. 主要特征

（1）家庭养老为主：当时的社会形态和经济结构决定了养老主要由家庭承担，子女被认为是照顾父母的主要责任人，社会养老机构几乎不存在。

（2）政府福利养老：政府仅在个别特殊群体（如孤寡老人、五保户）中提供基本的养老保障，多数依靠农村的集体福利和城市的企事业单位福利。

（3）养老服务资源匮乏：由于经济发展水平有限，因此社会化的养老服务设施匮乏，老年人基本没有享受公共服务的机会。

3.1.2 发展阶段：市场化养老模式的兴起（1981—2010 年）

1. 背景概述

随着改革开放的深入，社会经济迅速发展，城市化进程加快，家庭结构发生重大变化，传统的大家庭模式逐渐被核心家庭取代。市场化养老模式逐渐兴起。政府开始出台支持养老产业发展的政策，鼓励社会力量参与养老服务。

上海市在 20 世纪 90 年代率先引入市场化的养老模式。政府通过政策引导和资金支持，鼓励社会资本投资养老机构。上海某民营养老院成为当时养老服务市场化的典型案例，虽然这家养老院提供的服务较为基础，但在收费标准和服务模式上实现了与政府福利机构的区别，初步满足了部分有支付能力的老年人群体的需求。

2. 主要特征

（1）政策推动：政府开始意识到老龄化问题的严峻性，逐步出台了支持养老产业发展的政策，鼓励社会力量参与养老服务。

（2）民营养老机构出现：随着政策的放宽，民营资本逐渐进入养老领域，形成了一批以盈利为目的的养老机构和服务企业。这一时期，主要的养老服务形式包括老年公寓、敬老院和日间照料中心等。

（3）初步市场化：社会力量的介入使养老服务逐渐市场化，但整体规模和服务水平仍然较低，特别是在农村和欠发达地区，养老服务供给仍然十分不足。

3.1.3　快速发展阶段：多元化与规模化并进（2011 年至今）

1. 背景概述

进入 21 世纪以后，中国的老龄化问题日益严重，养老产业迎来了快速发展期。政府不断加大投入，市场化运作模式日益成熟，养老产业的多元化和规模化进程加快。

杭州某大型综合养老社区作为这一阶段的典型代表，体现了养老服务模式的多元化与高端化趋势。该社区提供全方位的养老服务，包括高端住宅、医疗护理、文化娱乐、心理支持等，满足了老年人多层次、多样化的需求。此外，社区还引入了智能养老系统，通过可穿戴设备和智能家居技术，实现了对老年人健康状况的实时监控和个性化服务，大大提高了老年人的生活质量。

2. 主要特征

（1）政策深化与创新：2013 年国务院发布的《关于加快发展养老服务业的若干意见》标志着政府在推动养老产业发展的力度进一步加大。此后，各级政府陆续出台了多项支持政策，如税收减免、土地优惠、资金补助等，促进了养老服务业的快速发展。

（2）养老服务体系的完善：这一阶段，养老服务模式开始多样化，涵盖了居家养老、社区养老、机构养老、医养结合等多种形式；养老服务体系逐渐完善，覆盖了城市和农村，服务内容也从基本生活照料扩展到医疗护理、康复、心理支持等方面。

（3）技术驱动的创新：随着科技的发展，智能养老技术逐渐应用于养老服务领域，物联网、大数据、人工智能等技术的应用，使得养老服务的个性化和精细化水平得到了显著提升。

3.2 中国养老产业的发展现状

3.2.1 中国养老产业发展的问题与挑战

尽管中国的养老产业在过去十年中取得了长足的发展，但仍然面临着供需矛盾、地区发展不平衡、服务质量参差不齐、人才短缺以及政策支持力度不足等问题。

（1）供需矛盾。尽管市场需求巨大，但养老服务的供给仍显不足，特别是在中西部地区和农村，养老设施和服务的覆盖率低，无法满足老年人的多样化需求。

（2）地区发展不平衡。目前，中国养老产业的发展呈现出明显的地区差异。东部沿海地区，特别是北京、上海、广州、深圳等一线城市，由于经济发达、居民支付能力较强，养老产业较为发达，高端养老项目和多元化服务供给较为充足。而在中西部地区和农村，养老服务发展相对滞后，服务供给不足、设施老化等问题依然存在。

（3）服务质量参差不齐。养老服务的质量问题也是制约行业发展的重要因素。由于缺乏统一的行业标准和监管机制，一些养老机构存在服务质量低、收费高、设施陈旧等问题，影响了老年人的生活质量。

（4）人才短缺。养老服务业对专业护理人员的需求巨大，但目前行业内专业护理人员数量严重不足，且普遍存在薪酬低、职业吸引力不强等问题，导致养老服务的人才供给难以满足市场需求。

（5）政策支持力度不足。尽管政府出台了一系列支持养老产业发展的政策，但在实际执行中仍存在政策落实不到位、资金投入不足等问题，影响了产业的发展速度和服务质量。

3.2.2 中国养老产业的市场现状

随着老年人口的不断增长，老年人的需求也逐渐从单一的生活照料扩展到医疗护理、心理支持、社会交往等多方面。这种多样化的需求推动了养老服务的不断升级和创新。高端养老服务、定制化服务和智能养老技术等逐渐成为市场的新增长点。

《中国养老服务发展报告（2023）》显示，中国养老产业的市场规模已达到 10 万亿元人民币。尽管整体规模庞大，但仍存在地区不平衡和供需矛盾等问题。

3.2.3　中国的养老产业结构现状

2019 年 12 月 27 日，根据国家统计局第 15 次局常务会议通过的《养老产业统计分类（2020）》，养老产业包括养老照护服务、老年医疗卫生服务、老年健康促进与社会参与、老年社会保障、养老教育培训和人力资源服务、养老金融服务、养老科技和智慧养老服务、养老公共管理、其他养老服务、老年用品及相关产品制造、老年用品及相关产品销售和租赁、养老设施建设共 12 个大类，这标志着养老产业正式成为国民经济中的重要组成部分。

中国养老行业产业链的上游、中游、下游三个部分如图 2-1 所示。

图 2-1　中国养老产业链图谱

资料来源：36 氪研究院，根据公开资料整理而成。

产业链上游主要包括医疗设备器械、食品与药品等支撑养老产业的基础材料。设备器械由智能硬件、康复辅具、医疗器械和监护设备等组成。其中，智能硬件以新兴技术解决专业照护问题，可缓解居家养老监测难和社区养老、机构养老成本高的痛点，是未来重点发展方向之一，以可穿戴健康管理类设备、家庭服务机器人为代表。食品与药品包括保健品、药品、特殊膳食等，保健品和特殊膳食可调节人体机能，正成为越来越多人预防疾病、保持身体健康的重要选择。

养老产业链中游主要由养老服务、养老地产、养老金融、老年护理和老年旅游等细分产业构成，覆盖老年人衣食住行及医疗等方面的需求。

养老产业链下游主要是有消费需求的老人。数据显示，现阶段的老年群体喜欢参与各类社交活动，人均参加 5 种休闲活动，且 96% 老人日常使用智能手机，喜欢热闹，热爱生活，对自己的生活质量有一定要求，具备强大的消费力。

3.2.4　中国养老产业发展格局

截至 2023 年 4 月，中国养老企业数量共有 425 605 家，其中江苏省养老企业数量排名第一，共有 39 918 家。第二是广东省，有 38 794 家；第三是山东省，有 36 874 家（如图 2-2 所示）。

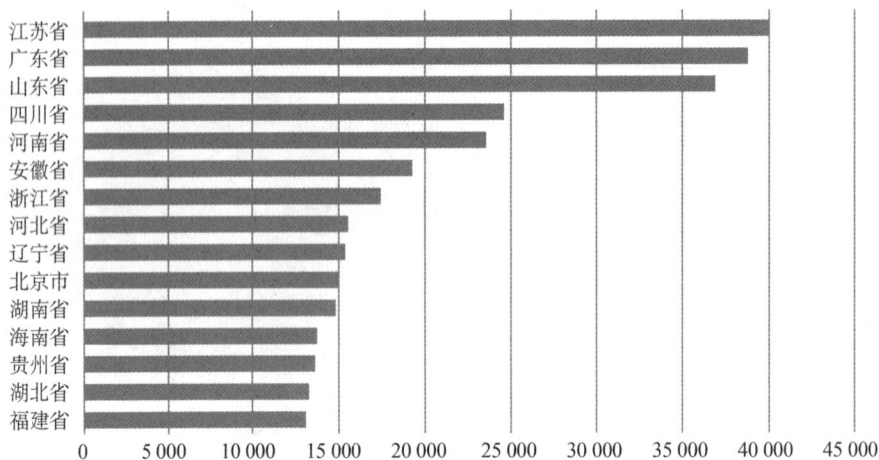

图 2-2　截至 2023 年 4 月中国养老企业前 15 省市排名（单位：家）
资料来源：前瞻产业研究院。

随着中国养老市场规模的不断扩大，在政策和市场需求的推动下，市场规模将持续快速增长。

3.3　中国养老产业的发展前景

随着老年人口的增加，养老服务和产品的需求将持续扩大，特别是在高端养老服务、智能养老产品和养老金融领域，市场前景广阔。

根据全国老龄工作委员会发布的《中国老龄产业发展报告》预测数据，我国养老产业规模到 2030 年有望达到 22 万亿元，到 2050 年，老年人口消费潜力将增长到 106 万亿元左右，占 GDP 比重将增长到 33% 左右。面对快速增加的老年人口，养老产业迎来快速增长期，老龄产业将成为名副其实的国家经济支柱之一，我国也将成为全球老龄产业市场潜力最大的国家（如图 2-3 所示）。

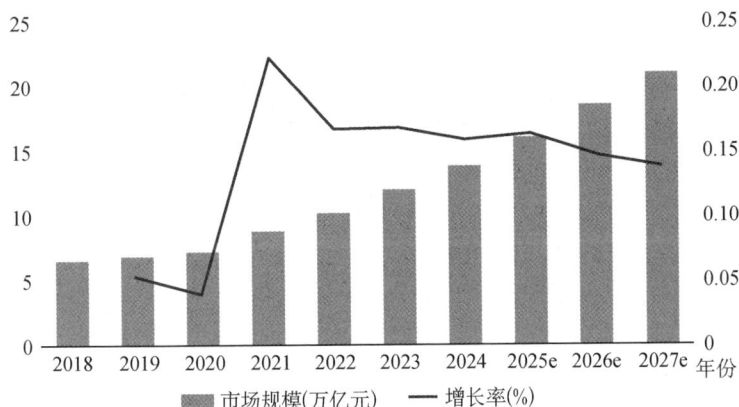

图 2-3　中国养老行业市场规模及预测
资料来源：企查猫。

随着东部地区养老市场的逐步饱和，中西部地区和农村的养老市场将成为未来发展的重点。政府将加大对这些地区的政策支持力度，鼓励社会资本进入，推动养老服务的均衡发展。

随着老年人对养老服务和产品需求的多样化，养老旅游、老年人健康管理、老年人教育与培训、老年人文化娱乐等领域，未来将成为养老产业的重要增长点（见图 2-4）。

随着中国老龄化程度的不断加深，养老行业将覆盖衣食住行及医疗等各方面需求，突出体现在养老地产、老年护理、老年旅游等方面。

3.3.1　养老地产

为满足居家养老条件，专为养老设计的服务型住宅成为未来养老地产的重要业态。除覆盖基本的住宿、日常生活功能外，服务型住宅还兼具医疗、康养、文娱等功能，将住宅、养老、社交相结合，满足老年人基础需求的同时，丰富其生活。目前，养老地产行业主要参与者包括传统养老机构、房地产商和保险公司，主要盈利模式包括销售、持有、租售并举、会员制等。

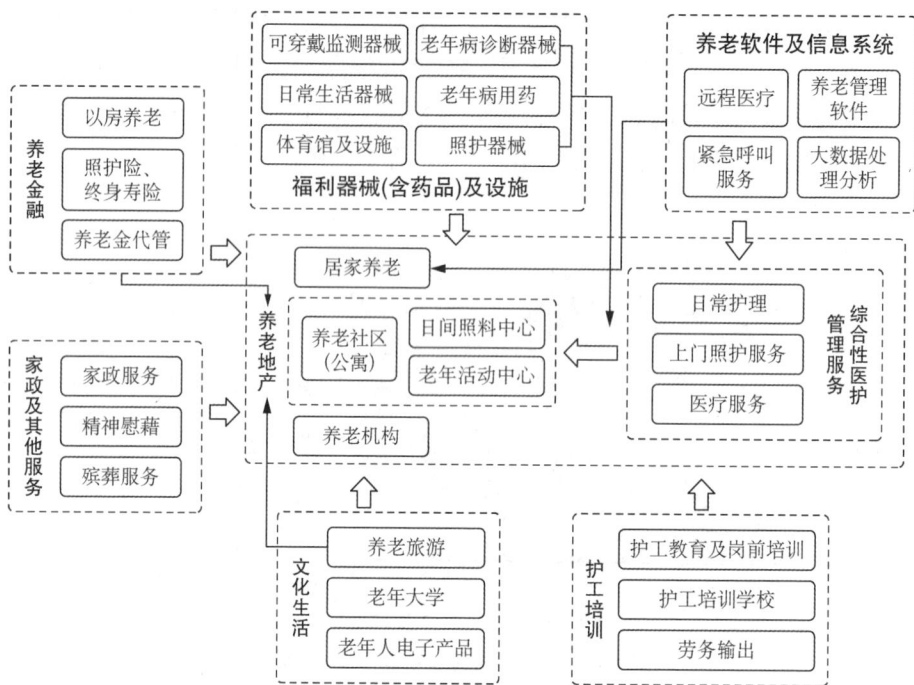

图 2-4　养老产业图谱
资料来源：36氪研究院，根据公开资料整理而成。

3.3.2　老年护理

我国老年护理行业面临较大的供给缺口。一方面，老年人随着年龄的增加，身体机能逐渐下降，护理需求增加。国家卫健委数据显示，截至 2022 年年底，我国失能老年人、部分失能老年人约 4 400 万。北京大学研究显示，2030 年我国失能老人将超 7 700 万。另一方面，我国护理行业设施和专业人员相对不足。国家统计局数据显示，截至 2022 年，全国养老服务床位数达 822.3 万张，远低于国际通行数量和国内市场需求（见图 2-5）。未来，随着我国愈发重视养老护理人才培育与养老服务机构和床位数的不断增多，我国护理市场将迎来新发展。

3.3.3　老年旅游

《中国中老年人旅游消费行为研究报告》显示，超八成老年人愿意去旅游（见图 2-6）。在携程平台上，截至 2021 年 10 月，60 周岁及以上的注册用户数量同比增长 22%，订单量同比增长 37%，这表明老年旅游需求强劲。此外，旅行社等行业

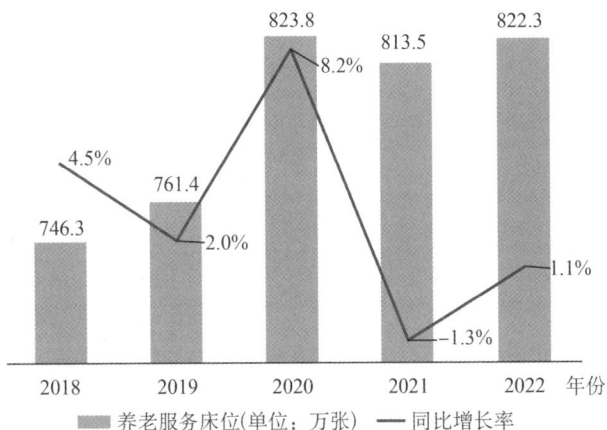

图 2-5　中国养老服务床位数及增长情况
资料来源：国家统计局。

参与者开始针对老年人需求设计适配产品，如旅行专列、康养旅游。

未来，随着旅游产品愈加多元化、个性化，商业模式更为丰富，旅游景点适老化配套设施逐步完善，老年旅游市场规模将进一步提升。《中国旅游报》数据显示，预计到 2050 年，老年人口旅游消费总额将达 2.4 万亿元以上。

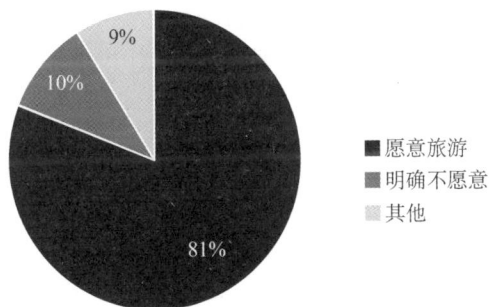

图 2-6　老年人出行意愿
资料来源：《中国中老年人旅游消费行为研究报告》，36 氪研究院。

第 3 章

养老规划概述

导读

在人生的不同阶段，人们追求不同的目标。年轻时，可能忙于事业和家庭建设；而随着中年乃至老年的来临，养老成为不可忽视的议题。

想象一下，当年逾花甲，告别了职场的忙碌，本应享受悠闲的退休生活时，却发现面临着经济的拮据、健康的困扰，甚至因未做足准备而给子女带来沉重的负担。这样的场景，无疑是每个人都不愿面对的。

一个完善的养老规划可以避免退休后的经济困难，从容应对健康问题，以及减少给子女带来的负担，确保晚年生活安稳且有尊严。这不仅是对未来的预防性准备，更是对个人和家庭的责任与承诺。

以张先生一家为例，张先生是一位中年工程师，妻子是小学教师，两人育有一子，正在读高中。他们家作为典型的中产阶级家庭，面临着生活压力和未来的不确定性。张先生在参加养老规划讲座后，开始与妻子共同制订养老计划。他们首先梳理家庭财务状况，包括收入、支出、储蓄和投资等，然后根据自身风险承受能力和养老需求，制定详细的财务规划。他们决定减少不必要的开支，将资金存入银行定期存款或购买低风险理财产品，并考虑将一部分资金用于投资以获取更高收益。同时，他们购买了商业养老保险和医疗保险，为退休后的生活提供稳定收入和医疗保障。

除了财务规划外，张先生还开始规划自己的退休生活。他计划退休后继续发挥余热，参与一些社区活动或兼职工作，以丰富自己的生活内容并增加收入来源。同时，他也与妻子一起规划了旅行计划，希望在未来能够游览更多的风景名胜。

养老规划是一个多维度的系统工程，涉及财务规划、健康规划等多个方面。财务规划是基础，要求个人或家庭根据自身经济状况、风险偏好等因素，制订合理的储蓄、投资计划，确保退休后有稳定的收入来源。健康规划同样重要，随着年龄的增长，健康问题日益凸显，提前规划好医疗保障、健康管理等方面，对提升晚年生活质量至关重要。

无论身处哪个阶层，养老规划都是每个人必须面对的问题。只有提前规划、积极应对，才能在晚年时拥有足够的经济保障和健康保障，真正实现安享晚年的美好愿景。

1. 养老规划的基本概念

1.1　养老规划的定义

养老规划是指为了保障个人在老年时期的经济安全和生活质量而进行的一种全面、系统、长远的财务规划和安排。它旨在通过合理的储蓄、投资、保险规划等手段，为个人在老年时期提供稳定的经济来源和生活保障。其核心目标是确保个人在退休后拥有足够的财力资源，以维持自立、有尊严、高品质的退休生活，包括满足基本的生活需求、医疗保健费用、休闲娱乐支出以及应对突发事件的能力。

养老规划对于个人和家庭具有重要意义。它不仅有助于保障老年时期的经济安全和生活质量，而且有助于减轻家庭和社会的养老负担。

1.2　养老规划的目的

养老规划的目的是多方面的，包括提供稳定的养老收入、完善多层次的养老保障体系、应对人口老龄化挑战、促进经济社会发展以及实现高品质的退休生活。

1.2.1　提供稳定的养老收入

养老规划的首要目的是确保退休后有稳定的经济来源，维持基本生活水平。在工作期间积累养老金或进行相关的投资规划，可以确保在退休后获得一定的经济收入，从而维持基本的生活水平。这不仅可以减轻退休后的经济压力，而且可以提高生活质量，使老年生活更加安心和舒适。

1.2.2　完善多层次的养老保障体系

在现有的社会保险体系下，基本养老保险虽然提供了基础的养老保障，但无法满足更高层次的养老需求。合理的养老规划可以弥补基本养老保险的不足，提高整体养老保障水平。这有助于完善多层次的养老保障体系，为老年人提供更加全面和有力的保障。

1.2.3　应对人口老龄化挑战

随着人口老龄化的加剧，养老问题日益突出。通过提前规划和积累养老金，可以减轻国家和社会的养老负担，同时提高个人的养老保障能力。这有助于维护社会稳定和促进经济社会的可持续发展。

1.2.4　促进经济社会发展

养老规划不仅对个人有益，而且对经济社会发展具有积极意义。个人养老金的积累和投资可以形成长期稳定的资金来源，有助于资本市场的健康发展。同时，养老金的投资运营也可以促进相关产业的发展，如养老服务业、医疗保健业等，从而推动经济的持续增长。

1.2.5　实现高品质的退休生活

养老规划的一个重要目标是确保退休后过上高水平的生活。这包括保持一定的生活品质、享有充足的医疗保障、参与社交活动以及实现个人兴趣爱好等。

1.3　养老规划的重要性

养老规划对于个人和家庭具有重要意义。它不仅有助于保障老年时期的经济安全和生活质量，还有助于减轻家庭和社会的养老负担。随着人口老龄化的加剧，养老规划的重要性愈加突出。面对中国庞大的老年人口规模，如何通过科学合理的养老规划来保障老年人的生活质量，已成为一个亟待解决的社会课题。

退休后，个人的收入来源通常会大幅减少，而生活成本（尤其是医疗费用）却可能增加。通过养老规划，可以确保有足够的资金应对老年生活中的各种支出，减少经济上的不确定性。

随着年龄的增长，健康问题成为老年人生活中的主要挑战。养老规划中包括的健康管理部分，旨在通过提前规划健康维护、疾病预防和医疗服务，延长健康寿命，提高老年生活质量。

良好的养老规划不仅包含物质上的保障，还包括心理、精神上的关怀。通过设计适合的生活方式、社交活动和精神生活安排，可以提升老年阶段的生活幸福感。

从社会角度看，养老规划可以减少老年人口对公共资源的依赖，在一定程度上缓解人口老龄化带来的社会压力，减轻社会负担，促进社会的和谐、稳定与可持续发展。

1.4　养老规划的基本原则

养老规划的基本原则包括尽早规划原则、安全性原则、弹性化原则、收益性原则、综合性原则和持续性原则。这些原则相互关联、相互支持，共同构成了科学合理的养老规划体系。

1.4.1　尽早规划原则

时间是养老规划中的重要变量。尽早开始规划，可以充分利用复利效应，使资金在较长时间内增值。

一般来说，养老规划最晚应该在预计退休年龄前 20 年做准备。例如，如果预计 60 岁退休，那么最晚应从 40 岁开始准备养老金。而最合适的开始时间则是在工作的第一天，因为这样可以用较长的在职时间摊薄养老成本。

1.4.2　安全性原则

养老规划的首要目的是保障退休后的基本生活，因此安全性是首要考虑的因素。在养老金的储备和投资过程中，应选择相对稳健的投资方式，避免高风险投资带来的不确定性。同时，要确保养老金的流动性，以便在需要时能够随时取用。

1.4.3　弹性化原则

退休养老规划应具有弹性或缓冲性，以适应未来可能发生的各种变化。在制定规划时，应考虑各种不确定性因素，如通货膨胀、政策变化等，并预留一定的调整空间。同时，可以根据个人实际情况和外部环境的变化，适时对规划进行调整和优化。

1.4.4　收益性原则

养老规划应在保持稳健性的前提下，追求收益最大化。通过合理的资产配置和投资组合，实现养老金的保值增值。可以选择一些收益相对稳定、风险相对可控的投资产品，如债券、基金等。

1.4.5　综合性原则

养老规划应综合考虑个人的财务状况、健康状况、家庭情况、社会环境等多个因素。在制定规划时，要全面评估个人的实际情况和需求，制定出符合个人特点的养老规划方案。同时，要关注社会环境的变化和政策调整对养老规划的影响，及时调整规划策略。

1.4.6 持续性原则

养老规划是一个长期的过程，需要持续关注和调整。在退休后，仍需要继续关注养老金的保值增值情况，并根据实际情况进行调整和优化。同时，要保持健康的生活方式，减少医疗支出对养老金的消耗。

综上所述，养老规划是一个涉及个人未来生活质量的重要议题，它要求我们从多个角度出发，制定出科学合理的规划方案，以确保在退休后过上稳定、舒适且有尊严的生活。

2. 养老规划的核心内容

养老规划是一个多维度的过程，旨在确保个人在退休后维持理想的生活质量和经济安全。其核心内容包括经济保障规划、健康管理规划、生活方式规划、社会支持规划等多个方面。

2.1 经济保障规划

经济保障规划是养老规划的核心，其目的是确保个人退休后有足够的资金支持。经济保障规划主要包括以下几个方面。

养老金是退休后的主要收入来源。根据中国社会科学院发布的《中国养老金发展报告 2020》，中国养老金的替代率约为 50%，意味着退休后的收入可能不足以维持退休前的生活水平。因此，个人需要通过储蓄、养老保险、企业年金等多种方式积累养老金。

为了对抗通货膨胀和生活成本上升，养老金的增值至关重要。投资规划应包括风险评估和控制，以及多元化投资策略，如股票、债券、房地产等，以确保资金稳定增长。

保险规划是经济保障规划的重要组成部分，包括商业养老保险、医疗保险和人寿保险等，以应对意外事件和健康风险，为老年生活提供额外的经济保障，降低财务风险。

2.2 健康管理规划

随着年龄的增长，健康问题会逐渐显现，健康管理规划旨在通过预防性措施、健康生活方式和医疗保障，延长健康寿命，提高老年生活质量。健康管理规划主要包括以下内容：

健康管理规划的第一步是全面评估个人的健康状况，包括体检、基因检测、家族病史分析等。之后根据评估结果，制定个性化的健康管理方案，采取预防性措施，如定期体检、健康饮食、适量运动等，以减少疾病风险。

随着老年阶段的医疗需求增加，健康管理规划应包括对医疗服务的选择和医疗保险的配置。利用国家的基本医疗保险，同时结合商业医疗保险，可以减少医疗费用的负担。

爱康集团发布了与太平人寿、北京大学中国卫生经济研究中心共同推出的《2024 版 60 岁及以上体检人群健康报告》。对参加体检的 60 岁及以上人群的健康体检数据进行分析，结果显示：颈动脉异常在 60 岁及以上体检人群中的检出率最高，眼底异常检出率则超过 98%，每 5 人中超过 3 人受骨量异常问题困扰。此外，甲状腺结节、骨量减少 / 骨质疏松、体重指数增高和脂肪肝，检出率均超过五成，凸显了对医疗服务和健康管理的迫切需求。

对于需要长期护理的老年人，健康管理规划应包括护理服务的安排，如居家护理、社区护理、专业护理机构等。长期照护费用较高，需要提前规划资金来源和服务选择。

2.3 生活方式规划

生活方式规划旨在设计符合个人兴趣、健康需求和社会关系的老年生活方式。生活方式规划主要包括以下内容。

居住环境对老年人的生活质量有重要影响。生活方式规划应包括对居住地点、形式的选择，如自购房、租房、与子女同住或入住养老机构。随着"适老化"概念的推广，越来越多的老年人选择在适老化改造的住房中度过晚年。

退休后，社交活动的减少可能导致孤独感和心理问题。生活方式规划应鼓励老年人参与社区活动、兴趣小组、志愿服务等，保持社交网络的活跃。

根据《第五次中国城乡老年人生活状况抽样调查》，2021 年，我国老年人中参加各项日常休闲活动的占 94.3%，参与度最高的前五类活动分别是：看电视 / 听广播占 88.6%，散步 / 慢跑占 59.7%，种花养草占 27.5%，读书看报占 23.9%，打麻将 / 打牌 / 下棋等占 16.0%。

精神文化生活是老年人生活质量的重要组成部分。生活方式规划应考虑老年人的精神需求，通过阅读、学习、旅游、宗教信仰等方式，丰富精神生活，提升生活满意度。

2.4 社会支持规划

社会支持系统对老年人的生活至关重要，社会支持规划的目标是通过家庭、社区和社会资源的整合，为老年人提供全面的支持和保障。社会支持规划主要包括以下内容。

家庭是老年人最重要的支持系统。社会支持规划应考虑如何加强家庭成员之间的联系和互动，如家庭聚会、电话联系、家庭互助等方式，增加老年人的家庭支持感。

社区是老年人日常生活的重要场所。社会支持规划应充分利用社区资源，如社区医疗服务、老年活动中心、志愿者服务等，为老年人提供便捷的生活服务和社交机会。

社会支持规划还应包括对社会福利和法律保障的利用，如申请低保、医疗救助、法律援助等，确保老年人在经济、健康、法律等方面得到全面的保障。

3. 养老规划的基本流程

养老规划是一个系统化、动态调整的过程，涉及对个人未来养老需求的全面评估和策略制定。其基本流程包括养老目标与需求评估、养老规划的步骤与方法、养老规划的调整与优化等内容。

3.1 养老目标与需求评估

养老规划的第一步是明确养老目标，并对未来的需求进行全面评估。

养老目标是指个人希望在老年阶段实现的生活状态和质量，这通常包括经济保

障、健康维护、生活方式和社交活动等方面。需求评估则是根据个人的年龄、健康
状况、家庭结构、经济能力等因素，估算出实现这些目标所需的资源和条件。

养老目标应具体、可行且有时间限制，可以包括经济保障、健康维护、生活方
式和社交活动等方面。例如，某人可能希望在退休后拥有足够的储蓄以维持目前的
生活水平，这就是一个明确的经济保障目标；也可能希望退休后有充足的时间和健
康状况去旅游或学习新技能，这就是生活方式目标。

需求评估需要考虑未来可能发生的变化，如通货膨胀、医疗费用上涨、家庭
结构变化等。评估方法包括预算分析、风险分析和资源测算等。例如，预期寿命增
长、生命表、性别、家族和个人病史等因素都需要纳入考虑。

3.2　养老规划的步骤与方法

养老规划的步骤可以概括为以下几个关键环节。

第一，信息收集：全面收集个人和家庭的相关信息，包括经济状况、健康状
况、家庭结构、现有的社会保障情况等。

第二，目标设定：根据个人需求和家庭情况，设定明确的养老目标。目标需要
具体、可行，并且要有时间限制。

第三，资源配置：在设定目标后，需要制定资源配置方案，包括养老金储备、
健康管理计划、生活安排和社会支持系统等。

第四，执行计划：一旦规划制定，就需要持续关注计划的执行情况，定期进行
检查和调整。

第五，风险管理：养老规划需要考虑各种可能的风险，如经济风险、健康风险
等。可以通过保险、投资分散等方式进行风险控制。

3.3　养老规划的调整与优化

养老规划是一个动态的过程，随着个人和家庭情况的变化，规划需要不断调整
和优化。例如，当个人的健康状况发生变化时，健康管理部分的规划可能需要重新
评估并进行调整。同样，经济状况的变化也可能影响养老金的储备和投资策略。调
整和优化的关键在于保持规划的灵活性，并定期进行评估。规划的调整需要考虑新
的需求、新的资源和新的风险，同时保持整体规划的连贯性和可持续性。

养老规划的基本流程是一个综合性、多阶段的过程，需要个人根据自身情况不

断调整和优化，以确保在退休后维持理想的生活质量和经济安全。

4. 养老规划的理论基础

养老规划的理论基础涉及多个经济学和社会学理论，为个人和家庭提供了科学的养老规划方法和策略。

4.1 货币的时间价值

货币的时间价值，指当前所持有的一定量货币比未来获得的等量货币具有更高的价值。从经济学的角度而言，当前的 1 块钱与未来的 1 块钱的购买力是不同的。

举个例子，假设今天你可以用 1 块钱买个鸡蛋，孵化出小鸡，接着鸡生蛋、蛋生鸡，循环往复，那么第二年的时候你将拥有一个鸡场。而鸡场的价值远远大于 1 块钱。所以通常情况下，今天 1 块钱的价值比以后的 1 块钱要高。

因此，可以理解为货币用于投资并经历一定时间后会增值，增值部分即时间价值。

4.1.1 现值

现值（present value, PV），也称折现值，是指未来某一时点的一定数额的货币折算为当今的价值，俗称"本金"，用来反映投资的内在价值。

4.1.2 终值

终值（future value, FV），又称将来值或本利和，指现在的货币折合成未来某一时点的本金和利息的合计数，反映一定数量的货币在将来某个时点的价值。

经济学家经常使用现值和终值来计算和表示将来的 1 块钱和现在的 1 块钱之间的差异。如果银行贴现率是 5%，那就意味着 1 年以后的 105 元相当于眼下的 100元。或者说，如果银行利率是 5%，那就意味着眼下的 100 元相当于 1 年以后的 105 元。这里，现值是 100 元，终值是 105 元。

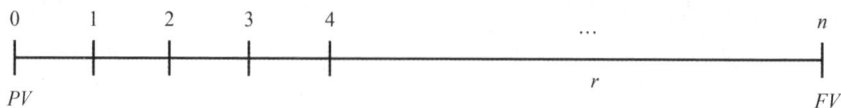

图 3-1　货币时间价值

如图 3-1 所示，*PV* 代表现值，具体是指在这一时间段内所产生的现金流量在开始时的价值；*FV* 代表终值，具体是指在这一时间段内所产生的现金流量在结束时的价值；*t* 代表的就是现值和终值两者之间的这一时间段；*r* 代表当前市场利率。在对 *FV* 进行实际计算时，应该把所有资金的一次性投入和在某一个特定时间段内的每一期的有规定额度的资金投入。这一定期定额的资金投入，通常情况下称为年金，具体是指在某一个特定的时间段内，相同的时间间隔、相同的现金金额、相同的方向的一系列的现金流。

4.2　养老规划平衡原理

养老规划的平衡，就是将退休前的财富积累与退休后的消费需求进行匹配，通过养老规划来实现养老金供给与养老金需求的平衡（见图 3-2）。

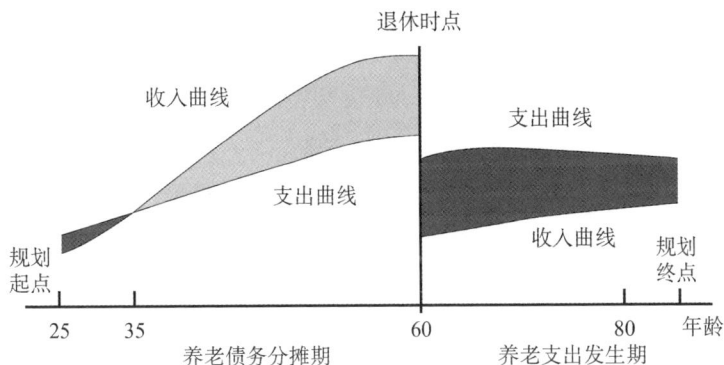

图 3-2　养老规划平衡原理示意图

养老规划涉及的范围广、时间跨度长。根据前面提到的生命周期理论，人们在青年时期一方面收入较低，另一方面有大量的支出需要，无法进行养老储蓄；进入中年时期后，收入水平提高，去除当期消费后还能够有余额进行养老储蓄，因此需要开展规划，为退休生活做准备。到了老年后，出于生活习惯的原因，生活支出一时无法大幅下降，而收入通常会有显著下降，并且由于人们退休后在旅游、学习、换房、换车、资助子女等方面还有特殊的支出，因此在退休后必然会出现支出大于收入的财务赤字，但如果有退休前的养老金准备，即使面临赤字也能有充足的储备和应对方案。

通俗地理解，个人在退休前通过储蓄和投资等方式储备养老金，到退休的时候，开始使用储备好的养老金，而储备的养老金总额足以支撑退休后所有花费的总和，这样就能够保持他一生的经济生活水平保持在较稳定的状态，不会出现大幅波动。这就是养老规划的平衡原理。

4.3 生命周期理论

生命周期理论由美国经济学家弗朗哥·莫迪利安尼等人于 20 世纪 50 年代提出，它主张理性消费者会根据一生收入安排消费与储蓄，以实现各时期的消费平稳，使消费支出等于一生收入（见图 3-3）。决定人们消费水平的是收入，但这种收入不是当下的收入水平，而是一生中的收入与财产。这种理论认为，因为人是理性的，希望在整个人生中实现效用最大化，所以，人们根据已经拥有的财产和自己一生所能得到的劳动收入来安排消费。该理论将人生分为成长期、事业期和养老期，每个阶段的收入和支出特点不同，影响个人消费和储蓄决策。

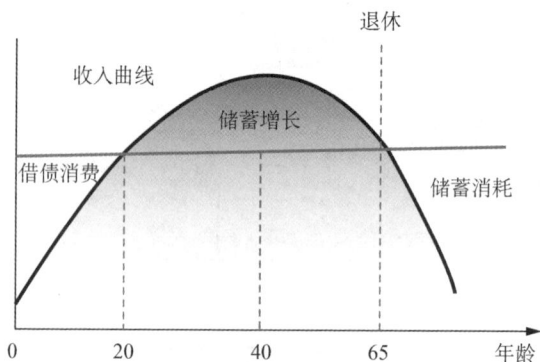

图 3-3　不同生命周期的收入与支出平衡

根据生命周期理论，个人在年轻时通过工作积累财富，为退休后的生活做准备。随着老龄化社会的到来，养老问题日益凸显，提前进行养老规划变得尤为重要。合理的养老规划可以帮助个人在老年时保持相对稳定的生活水平，避免因经济压力而影响生活质量。基于生命周期理论，养老规划可以大致划分为以下三个阶段。

4.3.1 青年期（成长期）

在此阶段，个人收入较低，但增长潜力大。此时，个人应注重能力提升和职业规划，为未来的事业发展打下基础。同时，可以开始关注养老规划的基础知识，积累理财知识，为未来的投资做准备。

4.3.2　中年期（事业期）

在此阶段，个人事业稳定，收入达到高峰。此时应充分利用"复利效应"，积极投资，增加养老金储备。但也要注意分散投资，降低风险。

4.3.3　老年期（养老期）

在此阶段，个人收入减少，主要依靠退休金和养老金生活。此时应更加注重资金的保值和安全，选择稳健的投资方式。同时，要合理规划日常开支，确保养老金的可持续性。

4.4　养老规划平衡模型

养老规划平衡模型，正是在博迪的终生财务分析模型的基础之上进行的一种修正（见图 3-4）。因为在养老规划实务中，除了消费和劳动收入外，还要考虑很多延期收益项目，如社保的养老金、企业年金等，这些发生在老年退休之后的收入也要进入实际的计算，因此需要比博迪的模型考虑得更多、更全面。

$$\underbrace{W_x \, (1+k)^{n-x}}_{①} + \underbrace{\sum_{t=x}^{n} \, (E_t - C_t) \, (1+k)^{n-t}}_{②} = W_n = \underbrace{\sum_{t=n}^{D-1} \frac{C_t^*}{(1+k)^{t-n}}}_{③} \qquad (3-1)$$

这个模型也用到了货币时间价值中的现值和终值计算公式。其中相关符号含义解释如下。

t：未来某年；x：当前时点；n：退休时点；D：死亡时点；W_x：当前拥有的资产；W_n：退休时拥有的可供养老使用的资产；k：贴现率；E_t：第 t 年当期收入；C_t：第 t 年消费支出。

等式的①和②部分，表示截至退休时点的养老金供给，等式的①部分是计算一笔一次性投入的养老金到退休时点的终值。等式的②部分是计算一份定期定额储蓄的养老金到退休时点的终值。

等式的③部分表示的是以退休时点为起点的养老金需求，包括了退休以后所有的费用支出，要计算的是折现到退休时点的现值。

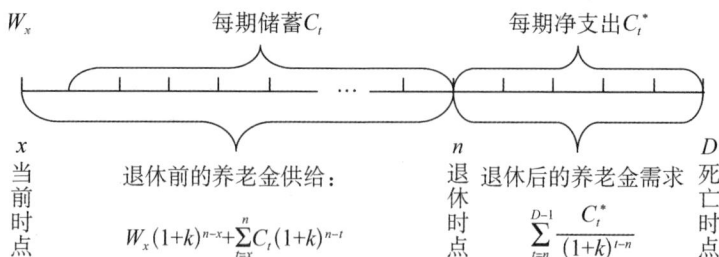

图 3-4　终生财务模型的图形表示

养老金平衡原理模型，是将当前到退休时点的财富积累与折现至退休时点的退休后消费需求进行匹配，如果等式左边的养老金供给与右边的养老金需求相等，则养老金不存在缺口；如果等式左边的养老金供给大于右边的养老金需求，则会有遗产可以继承；如果等式左边的养老金供给小于右边的养老金需求，则会出现养老金缺口，需要修改养老规划来实现养老金的供需平衡。针对个人进行养老资产配置时，需综合考虑各类资产的特性及其在资产组合中所起到的作用来确定每类资产的占比。

4.5　财务规划理论

在养老规划中，财务规划理论起着至关重要的作用，该理论强调个人或家庭应根据其一生的收入与支出变化来合理安排消费与储蓄，以实现跨期最优化的财务配置。具体来说，财务规划理论在养老规划中的应用涉及以下四个方面。

第一，预测不同生命阶段的收入与支出，估算退休后的生活费用、医疗保健费用等支出，并考虑养老金、退休金、投资收益等收入来源。

第二，根据个人风险承受能力、投资偏好以及市场状况，合理配置资产，构建多元化的投资组合，包括股票、债券、基金、房地产等多种资产类别，以分散风险并追求稳定的投资回报。

第三，识别潜在的财务风险（如投资亏损、通货膨胀等），并采取相应的措施来降低风险，例如通过购买保险来保障退休生活的稳定性，或者通过定期调整投资组合来适应市场变化。

第四，从长远的角度出发，制订可持续的财务计划，以确保退休后的生活质量不受影响。

4.6　风险管理理论

在养老规划中，风险管理理论是确保个人或家庭在面对不确定性时做出明智决策的重要工具。它强调对潜在风险进行识别、评估、监控和应对，以最小化风险对养老计划的不利影响。具体来说，风险管理理论在养老规划中的运用包括以下四个方面。

第一，通过多元化投资降低单一资产或市场波动对养老金的不利影响，平衡不同资产的风险和收益特性，实现资产的稳健增值。例如，将资金分散投资于股票、债券、基金、房地产等多种资产类别中，可以平衡不同资产的风险和收益特性。

第二，健康保险和长期护理保险等保险产品可以在个人或家庭成员面临疾病、意外伤害或需要长期护理时提供经济支持，有效减轻因健康问题导致的经济负担，确保养老计划的可持续性。

第三，为应对突发事件（如失业、重大疾病等）对养老计划的影响，储备一定数量的现金或易变现资产，可迅速提供资金支持，避免因资金短缺而影响养老计划的执行。

第四，随着市场环境、个人状况等因素的变化，养老计划可能需要进行相应的调整。例如，定期评估养老计划的执行情况和潜在风险的变化情况，并根据实际情况对计划进行灵活调整。

4.7　社会保障理论

社会保障理论是研究国家和社会如何为公民提供基本生活保障的学科体系。它强调通过制度化的安排，为公民在年老、疾病、失业、工伤等情况下提供经济援助和服务支持，以保障其基本生活需求和社会稳定。在养老规划中，社会保障理论发挥着重要的指导和支持作用。

4.7.1　提供养老金支持

社会保障体系中的养老保险是养老规划的重要组成部分，通过缴纳养老保险费，个人在退休后可以获得一定的养老金，从而保障其基本生活需求。

4.7.2　促进养老资源的合理配置

社会保障理论强调通过政府干预与市场机制相结合的方式，实现养老资源的合理配置，充分利用政府提供的公共服务资源，同时鼓励社会力量参与养老服务供给，以满足老年人多样化的养老需求。

4.7.3 强化风险管理

建立和完善社会保障制度，降低老年人面临的经济风险和社会风险。例如，医疗保险制度和长期护理保险制度，为老年人提供必要的医疗保障，减轻因病致贫的风险。

4.7.4 推动养老服务的创新发展

社会保障理论鼓励在养老规划中引入创新元素，推动养老服务的创新发展。例如，发展智慧养老、医养结合等新型养老服务模式，提高养老服务的效率和质量，满足老年人对高品质养老服务的需求。

4.7.5 增强社会凝聚力和稳定性

社会保障制度在养老规划中的实施有助于增强社会凝聚力和稳定性，为老年人提供基本的生活保障和服务支持，让他们感受到社会的关怀和温暖，增强归属感和幸福感，同时缓解因老龄化问题引发的社会矛盾和不稳定因素，促进社会的和谐稳定发展。

4.8 养老规划的要素

养老规划一共包括三个要素，分别是规划起点、退休时点、规划终点。

4.8.1 规划起点

规划起点是开始养老规划的起点，可以是当下，也可以是未来的某个时点。一般可以把个人进入财务生命周期中收入较高、支出由较高进入稳定的阶段，作为开始养老规划的起点。只有在这个阶段，客户才能开始储备养老金。当然，养老规划师一般建议客户把当下作为养老规划的起点。

在规划起点，养老规划师应对客户进行人力资本测算和财务状况评估，需要考虑三方面的因素。

（1）了解家庭的收入能力与支出状况，以评估个人的养老储蓄能力和向养老规划供款的能力。

（2）了解家庭的资产与负债状况，既可以考虑未来进行养老规划供款调整时有哪些资产可以进入考虑范围，也可以通过判断负债估计家庭的储蓄潜力。

（3）了解家庭的养老需求和养老规划目标，在规划起点就要和客户确定客户家庭的养老规划目标，这样有助于了解除了日常支出外，还有哪些特殊的养老需求，进而计算这个家庭的养老需求。

在规划起点，养老规划师需要具备从当前看未来的预测能力，要能够预计和测算未来整个中年和老年时期的收入、支出、储蓄等情况。养老规划师要关注客户收入与支出受通货膨胀影响后的变化，客户的人力资本、既得养老金以及养老储蓄能力，未来客户可以获取的养老供给来源等，这些因素对于明确养老目标和需求有很大帮助。

4.8.2　退休时点

退休时点，即客户期望的退休时间，是退休开始的时点，也是前一阶段养老金储备的终点，也是后一阶段开始使用养老金的起点。

（1）在退休时点，需要进行养老资产预测，因为养老需求和供给的计算结果往往是不平衡的，所以需要在养老规划中进行调整，明确有哪些资产可以用来调整以弥补赤字，这是养老规划的重要考虑点。

（2）在退休时点，需要考虑老年居住规划和老年医疗保健规划。

当养老规划师测算出养老金的缺口后，需要帮助客户测算在退休之前每年需要储蓄多少金额才能满足退休后的生活支出，以及这样的储蓄计划受投资收益率、通货膨胀率的影响有多大，需要做相应的敏感性分析，做到养老储蓄与养老支出目标匹配。

4.8.3　规划终点

规划终点是最大预期余寿时点，一般是根据预期寿命判断客户的死亡的时点。

（1）在规划终点，要测算养老金支付，进行敏感性分析和调整规划策略。预期余寿的改变会影响养老需求，进而影响养老赤字。养老规划制定以后，还需要根据实际情况动态修正预期余寿。

（2）养老规划师在规划过程中做了大量的假设与估计，每一个假设的因素都需要在实际中经受检验，因此敏感性分析很重要。当客户的职业生涯、家庭情况、生活状况、收支情况以及宏观经济环境、市场情况的发生变化时，养老规划师需要定期对已经制订的计划进行调整。

养老规划师在不同时点帮助客户制定养老规划后，需要检视、监督客户的执行情况。同时要及时根据市场条件和经济条件的变化做相应的调整，切实保证客户的养老目标得以实现（见表3-1）。

表3-1　退休规划要考虑的因素

时点	规划时点	退休时点	规划终点
要考虑的因素	家庭的支出和收入能力	养老金需求	动态修改期望余寿
	家庭的负债和资产	养老金供给	动态修改退休后消费水平
	退休目标和养老金需求		

第 4 章

养老金体系

导读

自20世纪90年代初，全球范围内开始出现人口老龄化的迹象，尤其是在欧洲和东亚地区。这一趋势对养老金体系构成了前所未有的挑战。随着出生率下降和人均寿命的延长，越来越多的国家面临养老金支付压力和财政赤字问题。传统的现收现付制养老金体系，依赖于较多的工作人口来支持较少的退休人口，但随着人口结构的变化，这种模式变得难以为继。

1994年，世界银行发布的白皮书《防止老龄危机——保护老年人及促进增长的政策》，成为全球养老体系改革的重要文献。该白皮书的目的在于为各国提供政策指导，帮助它们在老龄化浪潮中保持经济的可持续性，同时保障老年人的基本生活。白皮书提出通过引入市场机制、鼓励私人储蓄和企业年金计划，各国可以有效应对老龄化带来的挑战，并减轻政府的财政负担。

世界银行通过这份白皮书强调，单一的公共养老金体系难以应对人口老龄化带来的挑战，因此需要一个多支柱体系，以分散风险，确保不同收入阶层的老年人都能获得基本保障和额外的收入来源。

该白皮书提出了著名的"三支柱"养老金体系，按照资金来源、设立目的等维度，将养老金体系分为三类，形成"三支柱模式"，并为各国提供了一套应对人口老龄化挑战的政策框架。

白皮书指出，全球范围内的人口老龄化将对传统的养老金制度带来巨大压力，许多国家现行的养老金体系在未来可能无法维持，导致老年人生活水平下降和财政危机。各国应在养老金体系中引入市场机制，提高管理效率，降低财政负担，并建议各国政府采取措施，支持多支柱养老金体系的发展，以分散风险和增强体系的可持续性。

白皮书还讨论了养老金改革对经济增长的潜在影响，指出合理设计的养老金体系不仅能保护老年人，还能促进储蓄和投资，从而支持经济增长。这份白皮书在全球范围内引发了关于养老金制度改革的热烈讨论，对全球养老金改革产生了深远的影响，许多国家开始重新评估并调整其养老金制度，以引入或加强第二、第三支柱的建设，并实施多支柱养老金体系的改革措施。

1. 养老金体系概述

养老金体系是一套旨在保障国民退休后基本生活水平的社会保障制度。这一体系通常由政府、企业或个人设立，以满足老年人、伤残者或其他无劳动能力者的基本生活需求。养老金以定期支付的形式提供，目的是维持退休后的生活水平。

1.1　养老金制度

1.1.1　养老金制度的定义

养老金制度，作为一种社会养老保险待遇，是国家根据劳动者对社会的贡献和所具备的享受养老保险资格或退休条件，按月或一次性以货币形式支付的保险待遇。

1.1.2　养老金制度的历史演变

早期的养老保障主要依赖家庭和社区支持。现代养老金制度起源于 19 世纪欧洲的社会保障改革。1889 年，德国建立了世界上第一个现代社会保障制度，其中包括养老保险。这一制度的建立旨在应对工业化进程中工人老龄化问题，并通过国家主导、企业和个人共同缴费的方式，提供退休后的经济保障。

随后，其他欧洲国家也逐渐建立起类似的制度。20 世纪后半期，随着经济全球化和社会发展的推动，养老金制度在全球范围内扩展，成为许多国家社会保障体系的重要组成部分。例如，美国的社会保障制度成立于 1935 年，最初只涵盖老年人和失业者，后来逐步扩展到包括残疾人和家庭成员的福利。德国的养老金制度自俾斯麦时代以来经历了多次改革，从最初的社会保险制度发展成为包括基本养老金和职业养老金的多层次体系。

1.1.3　养老金制度的主要类型

养老金制度的主要类型有以下三种。

（1）现收现付制（pay-as-you-go, PAYG）。在这种模式下，现有劳动者的缴费用于支付当前退休人员的养老金。优点在于资金流动性好，但在面对人口老龄化时容易出现财政压力。

（2）基金积累制（fully funded）。在这种模式下，个人或雇主定期缴纳资金到养老金账户中，这些资金会被投资，以积累资金用于未来的养老金支付。这种方式能够提供较为稳定的养老金支付,但需要有效的投资管理。

(3)混合制(hybrid system)。它结合了现收现付制和基金积累制的特点,一部分养老金来自现有劳动者的缴费,另一部分则源于个人或雇主的积累基金。

1.1.4 养老金制度的基本功能

养老金制度的基本功能有以下三种。

(1)防止老年贫困。养老金制度的首要功能是提供经济保障,防止老年人因失去劳动收入而陷入贫困。

(2)促进社会稳定与经济增长。稳定的养老金制度有助于社会稳定,减少因老年贫困引发的社会问题。同时,养老金的支付还可以促进消费需求,推动经济增长。

(3)收入再分配与社会公平。养老金制度通过对收入的再分配实现社会公平。高收入者通常缴纳更多的养老金,从而支持低收入群体的养老金保障。

1.2 DB 计划和 DC 计划

按照金额确定的方式分类,养老金可以分为"收益确定型"和"缴费确定型"两种。"收益确定型"的英文是 Defined Benefit,简称"DB"。"缴费确定型"的英文是 Defined Contribution,简称"DC"。

1.2.1 DB 计划

在 DB 体系下,养老金的支出和收入在一个账户中支取和缴存,该账户被称为"统筹账户";每位参保人员领取的养老金数额因为由一系列规则决定,如工龄、职位和工种等,所以这种类型的养老金被称为"收益确定型"。

养老金管理机构先基于每年需要发放的养老金总额确定总缴费额,再确定个人缴费额。具体的计算由发起机构确定,一般需要考虑员工的预期寿命和正常退休年龄、利率的可能变化、年度退休福利金额以及员工流动性等参数。

DB 计划可以保证养老金收支的基本平衡,当期的养老缴费主要发放给当期领取养老金的退休人员,所以也叫"现收现付制"。

1.2.2 DC 计划

在 DC 体系下,每名参保人拥有一个"个人账户",用以缴存和支取养老金。因为 DC 计划养老金对个人的缴费相对明确,比如按照月收入的一定比例缴纳,所以被称为"缴费确定型"。

个人账户资金不会支付给其他人用作退休金,而会在监管下进行投资以求产生收益。员工退休后能够领取的退休金数额,则取决于缴费的总额和养老金的投资收益情况。

在中国的社会养老保险系统中,除了"统筹账户",还有"个人账户"。所以我们采用的是"DB+DC"的混合模式。而其他国家也有不同的 DB + DC 型养老金比例组合,如图 4-1 所示。

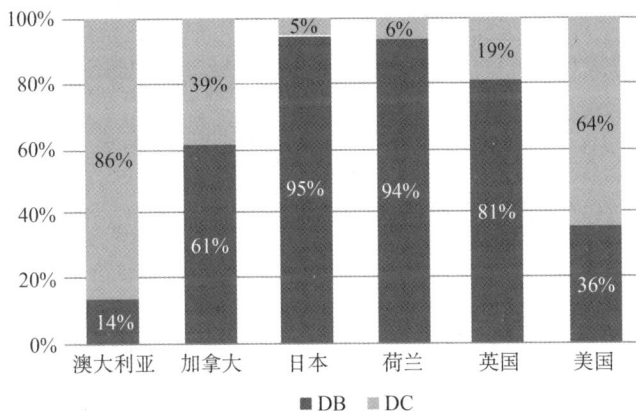

图 4-1 部分国家 DB + DC 型养老基金比例组合
资料来源:世界银行。

1.2.3 DB 计划与 DC 计划的主要区别

DB 计划与 DC 计划的区别主要体现在以下三个方面,见表 4-1。

(1)DB 计划下,雇主保证雇员退休后领取的养老金数目按照时限约定发放,因此雇员可以获得稳定收益,但容易出现两代人缴费不同而导致的代际不公平现象,也可能因人口老龄化导致"统筹账户"出现运营危机。DC 计划下,参与者每月上缴确定金额,但退休后领取的金额依赖于退休时资本市场的情况及往期基金的投资收益,风险和不确定性相对较大。

(2)DB 计划由雇主为雇员设立统一账户,一旦雇员离职,其转换账户流程就较为烦琐。DC 计划建立个人缴费账户,工作的变动不影响日后养老金提取。相比之下,DC 计划将更适应人口的结构变化。

(3)人口老龄化和生育率下降,是导致养老金给付水平偏高、收支不平衡的主要原因，最终会给财政带来很大压力，且会涉及代际不公平的问题。从理论上讲，只有工资增长率与人口增长率大于实际市场利率的时候，DB 计划才能避免支付危机。而 DC 计划养老金模式没有上述问题，并能够增加劳动就业，可以提高资金配置效率、促进资本市场发展。

表 4-1　DB 计划与 DC 计划的对比

	收益确定型（DB）	缴费确定型（DC）
区别	明确职工待遇水平，但企业缴费过重并承担基金风险，精算比较复杂	退休后职工待遇不确定，账户和基金投资风险由职工承担
缴费主体	雇主定期缴费	雇主和雇员共同缴费，实行个人账户管理
缴费方式	根据退休前工资水平、工作时间等参数按特定公式计算	按固定费率缴费
是否可转移	不能，若雇员工作调动，则雇主缴纳部分将被没收	可以，可随工作变动转移账户
投资风险	雇主承担投资管理所有风险	雇员拥有投资选择权，同时承担投资所有风险
投保与否	可向 PBGC 投保，以获得破产时对参加者的赔偿	不可向 PBGC 投保

资料来源：信达证券研究中心。

DB 计划曾是各国养老金的主要模式，但随着 DB 计划成本逐年上涨，企业负担加重，一些国家开始推行税收优惠的 DC 计划，逐步取代 DB 计划。例如美国，DC 计划成为目前美国养老金第二支柱最重要的组成部分。截至 2021 年，美国 DC 计划资产规模达 10.98 万亿美元，占雇主养老金计划的比例由 1987 年的 28.26% 增至 2021 年的 48.13%。

2. 养老金三支柱体系

养老金三支柱体系是现代养老保险制度的核心结构，由世界银行在 1994 年首次系统地提出。这一体系的设计初衷是通过多层次的养老保障，最大程度地分散风险，并确保养老金体系的可持续性。

2.1　核心内容

2.1.1　第一支柱：公共养老金

第一支柱是政府主导的、覆盖面最广、强制性的公共养老金计划，通常由社会保险基金管理机构负责运营、由国家税收或社会保障缴费来支持。第一支柱的主要功能是提供基础的、普惠性的退休保障，确保所有符合条件的公民在退休后获得基本生活费用。其主要目标是为全体公民提供最低生活保障，防止老年贫困。这一部分的资金来源通常是通过现收现付制或部分积累制，资金由国家或地方政府集中管理。

2.1.2　第二支柱：职业养老金

第二支柱通常是由雇主和雇员共同资助的职业养老金计划，可能是强制性或自愿性的。它的作用是通过企业和员工共同缴费，为员工退休后提供额外的经济支持。其目标是通过职业性安排提供额外的退休收入保障。第二支柱的灵活性较大，各国的制度设计有所不同，有的国家实行强制性的企业年金制度，而有的国家则是自愿参与。根据不同国家的制度设计，这个支柱可能包括企业年金、职业年金等形式，资金通常由市场投资来运营，以获得比第一支柱更高的回报。

2.1.3　第三支柱：个人储蓄性养老金

第三支柱是个人自愿参与的养老储蓄与养老保险部分，通常包括个人储蓄、购买商业养老保险等。它为那些希望在退休后维持更高生活水平的人提供了额外的保障。第三支柱的形式多样、灵活性高，包括个人退休账户、商业养老保险，以及其他形式的私人投资等。个人可以根据自身经济状况和风险承受能力进行选择。它通常受到税收优惠政策的支持，以鼓励个人积极储蓄。

2.2　优势与挑战

2.2.1　养老金三支柱体系的优势

（1）风险分散。三支柱体系通过国家、企业和个人共同承担责任，分散了养老保障的经济风险。即使某一支柱因经济波动或其他因素受到影响，其他支柱仍能提供一定的保障。

（2）灵活性与多样性。第三支柱特别强调个人的主动性和选择性，能够根据个人的不同需求和风险偏好提供定制化的养老方案，增强了体系的适应性。

（3）社会公平性。第一支柱确保基本养老保障的普遍性和公平性，即使是收入较低的群体也能在退休后获得基本生活保障。

2.2.2　养老金三支柱体系面临的挑战

（1）人口老龄化压力。随着人口老龄化加剧，养老金支付压力逐年增加，尤其是第一支柱的财政压力日益严重，可能会影响养老金的持续性和覆盖面。

（2）经济不确定性。第二支柱和第三支柱高度依赖经济环境和资本市场的表现。在经济不景气时期，企业和个人的缴费能力和投资收益可能大幅下降，从而影响退休人员的保障水平。

（3）制度设计的复杂性。如何合理平衡三支柱之间的关系，制定既能激励个人和企业积极参与又能维持社会公平性的政策，是各国养老金改革中的一大难题。

2.3　养老金"五支柱"体系

2005 年，世界银行发布《21 世纪的老年收入保障——养老金制度改革国际比较》白皮书，在三支柱基础上进一步补充了"零"支柱（基本年金或社会年金）和第四支柱（家庭养老支持），形成养老金"五支柱"体系（见表 4-2）。

表 4-2　养老金"五支柱"体系

零支柱 基本年金或社会年金	第一支柱 强制性社会保障年金	第二支柱 员工养老保险制度	第三支柱 自愿性个人商业保险	第四支柱 家庭养老支出
主要目的在于提供最低生活保障，尤其是对终身贫困以及资源不足或不使用法定养老金制度的老年劳工群体	主要形式是现收现付的收益确定型（DB）养老金，可以发挥养老金的社会再分配功能，实现代内以及代际间的财富转移，为老年退休者提供基本生活保障	主要形式是缴费确定型（DC）的职业年金或个人年金，可以有效提升老年退休者的收入与生活水平	通过将私人储蓄投资于商业养老保险，以实现养老储蓄的保值与升值，是对强制性养老金的有效补充	以家庭伦理为支撑，通过子女供养、自有住宅、个人储蓄等为家庭的老年成员提供晚年生活照顾

资料来源：罗伯特·霍尔茨曼，《21 世纪的老年收入保障——养老金制度改革国际比较》，中国劳动社会保障出版社，2006 年 6 月。

　　世界银行是按照资金来源、设立目的等维度来对养老金体系进行的分类。其中，"零"支柱是基本年金或社会年金，主要目的在于提供最低生活保障，尤其是对于终身贫困以及资源不足或不使用法定养老金制度的老年劳工群体。第一支柱是强制性的公共养老金，由政府主导，以政府财力作为支撑的社会基本养老金，满足民众基本养老需求。第二支柱是雇主养老金，由企业发起，资金来源主要是企业及个人在工作期间的缴费，一般作为第一支柱的补充。第三支柱是自愿性的个人养老金，由个人自愿参与，自主加入，政府给予一定的税收优惠政策，它是第一支柱和第二支柱的补充，是改善老年生活质量的投资性质的养老金。第四支柱是家庭养老支持，以家庭伦理为支撑，通过子女供养、自有住宅、个人储蓄等为家庭中的老年成员提供晚年生活照顾。

　　从"三支柱"到"五支柱"体系，可以看出全世界的养老保障体系制度正在不断完善和进步。

3. 国外的养老金三支柱体系

　　在全球范围内，不同国家根据自身的经济水平、人口结构和社会文化，构建了各具特色的养老金三支柱体系。

3.1　美国的养老金三支柱体系

　　美国的养老金三支柱体系如图 4-2 所示。

3.1.1　美国的养老金第一支柱

　　美国的养老金第一支柱为公共养老金计划，即联邦社保基金，是由美国联邦政府发起的强制养老金计划。联邦社保基金的资金主要来自联邦政府征收的"社会保险税"，等受益人退休后由美国社会保障署以年金的形式发放。受益人的退休金将由退休前工资、退休年龄和通货膨胀指数共同决定。由于主要资金来自税收，社会养老保险具有一定的强制性，其覆盖范围广泛。在 2017 年该计划就已覆盖 96% 的就业人口。美国联邦社保基金采用现收现付模式，当期的社会保障税收用于当期的养老金支付，不足部分由政府财政保障支出。

图 4-2 美国的养老金三支柱体系

资料来源：信达证券研究中心。

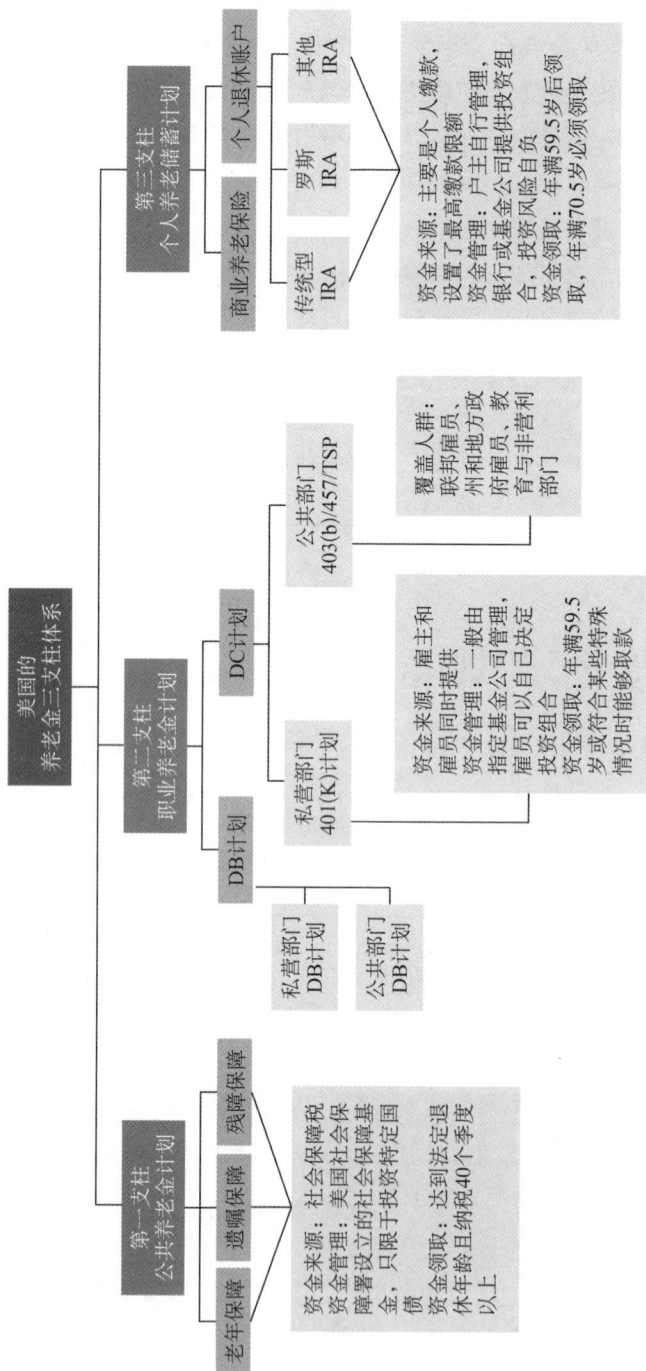

3.1.2　美国的养老金第二支柱

美国的养老金第二支柱是保障受雇员工的职业养老金，由雇主发起计划，并委托第三方金融机构作为托管人，雇员可以选择适合自己的方案加入计划。职业养老金计划主要包括公共部门 DB 计划、私营部门 DB 计划、公共部门 DC 计划和私营部门 DC 计划四类，其中私营部门 DC 计划又被称为 401（K）计划。这些计划主要通过税收递延的方式吸引人们参与，第三方投资机构作为受托人全面负责养老金运营，承担账户管理和投资责任。

3.1.3　美国的养老金第三支柱

美国的养老金第三支柱为个人养老储蓄计划，是完全由个人决定，自愿参与的个人养老金计划，主要包括个人退休账户（IRA）和商业养老保险等。个人退休账户 IRA 是面向任何纳税者的一种个人退休储蓄计划。IRA 产生的背景是 20 世纪 70 年代美国经济处于滞涨状态，通胀和失业率加剧制约人民生活水平的提升，政府鼓励没有被第二支柱雇主养老金覆盖的人群通过建立税收递延退休账户来享受税收优惠的同时实现退休资产的积累，并且准许因工作变更和退休的人员将雇主养老金转移至 IRA 账户继续实现资产的保值增值。1981 年，国会通过《经济复苏税法》后，凡是 70.5 岁以下所有纳税人均可开立 IRA 账户，不管是否拥有第二支柱养老金计划，但缴费额度因个人收入不同而有不同规定。IRA 具备税收优惠、缴费灵活、资产转存、自主投资等功能，目前它已和 DC 计划成为私人养老金体系最大的组成部分。

表 4-3　传统 IRA 与罗斯 IRA 的对比

	传统 IRA	罗斯 IRA
试用对象	有报税收入，未满 70.5 岁均可参加；配偶若无收入，则也可设立配偶 IRA	无年龄限制。2020 年为夫妻联合报税，收入不超过 206 000 美元，单身收入不超过 139 000 美元；高收入人群不能参与
税收	EET，缴费环节可税前扣除，投资收益延迟缴税	TEE，按税后收入缴费，投资收益免税
领取	59.5 岁可以往外提取本金和利息，70.5 岁必须开始提取；除规定情况外，59.5 岁以前提取，除了要交所得税，还要交 10% 的罚款	年龄超过 59.5 岁，且第一次存入的款项已超过 5 年，提取时可完全免税；年龄小于 59.5 岁，若第一次存款超过 5 年，且用于第一次购房、伤残、死亡等特殊情况，则无须缴纳 10% 罚款；70.5 岁以后仍可以不提取

（续表）

	传统 IRA	罗斯 IRA
每年存入上限	50 岁以下上限 6 000 美元，50 岁以上上限 7 000 美元，两账户共享额度	50 岁以下上限 6 000 美元，50 岁以上上限 7 000 美元，两账户共享额度

资料来源：信达证券研究中心。

IRA 分为传统型 IRA、雇主发起型 IRA 和罗斯 IRA，传统型 IRA 与罗斯 IRA 的对比如表 4-3 所示。IRA 起初并无雇主参与，是典型的第三支柱养老金产品；传统型 IRA 由个人单独设立，也可由企业代为设立，但需由个人委托符合条件的第三方金融机构管理；雇主发起型 IRA 始于 1978 年税法修订，为独资、合伙以及自雇者创设 SEP IRA。1996 年，美国国会又通过《小企业工作保护法案》，为小企业创设了 SIMPLE IRA。罗斯 IRA 于 1997 年《税赋缓解法案》颁布后成立，采用 TEE 模式，即以税后收入缴费，但投资收益免税，在领取时无须缴纳收入税。其他类型的 IRA 可将账户资产转移至罗斯 IRA。目前传统型 IRA 仍为主导，罗斯 IRA 占比近年来有所提升。

在美国，第二支柱和第三支柱是最主要的养老金来源，合计占比超过 90%，是美国养老保障体系的主要贡献者。第一支柱规模较小，但保持总体稳定。第二支柱是核心，总体规模占比最高，但近年来逐渐被第三支柱赶超；第三支柱增速最快，占比呈现逐年提升态势。

3.2 日本的养老金三支柱体系

日本的养老金制度最早可以追溯到明治维新时期的恩赐制度，对符合一定条件的军人和官吏进行恩赐。此后，日本以各类职业的互助共济制度为基础，设立独立的养老金制度，例如针对私营部门雇员的厚生年金，针对公务员和教师的共济年金，以及针对其他非雇员（自营者、农民和学生）的国民年金制度。

日本的养老金三大支柱包括公共养老金、企业补充养老金和私人养老金（见图 4-3）。

3.2.1 日本的养老金第一支柱

日本的养老金第一支柱——公共养老金中的国民养老金是具有强制性的养老保障，规定居住在日本的年龄在 20 岁到 59 岁的所有人（包括外籍居民）均需加入国

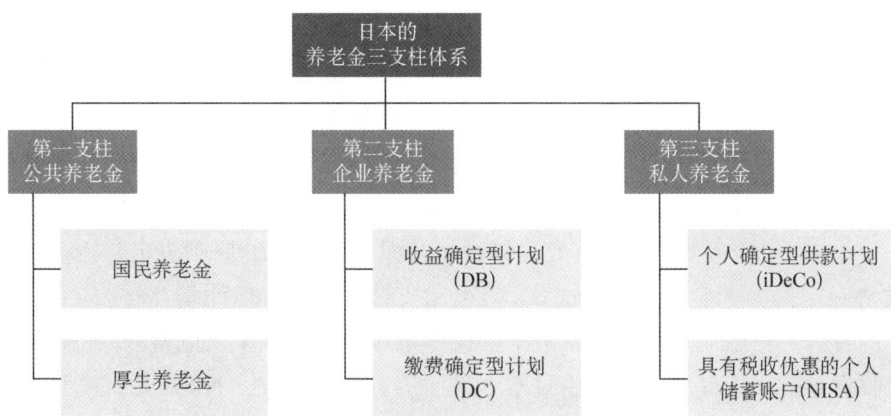

图 4-3　日本的养老金三支柱体系
资料来源：信达证券研究中心。

民养老金。与大多数同属于第一支柱的养老金一样，其管理费用由中央支付。

始于 1941 年的厚生养老金主要针对的是非国企员工，凡 65 岁以下符合条件的企事业职工均可参加，雇主和受保人分别承担 50% 的保费。厚生养老金保险的对象是正式员工在 5 人以上的企业单位的员工，是一种政府强制、收益与收入挂钩的养老计划。

共济养老金涵盖国家公务员、地方公务员、私立学校教职员和农林渔业团体职员等共济组合。公共和私人部门员工及其家属是通过向厚生养老金及共济养老金的强制性交费来参加国民养老金，而不是直接向国民养老金缴纳。

1985 年，日本国民年金通过《国民年金法》《厚生年金法》和《共济年金法》完成整合，并自 1986 年 4 月开始实施。2015 年后，厚生养老金与共济养老金并轨。国民年金是日本社保制度的基石，具有强制性、全覆盖、低水平的特征。

3.2.2　日本的养老金第二支柱

2002 年以前，日本的养老金第二支柱——企业养老金计划中的企业年金基本为收益确定型 DB 计划，包括厚生年金基金和合格退职金。2001 年，日本对企业年金进行改革，参照欧美设置新的 DB 计划，同年也设立缴费确定型 DC 计划，开启由 DB 向 DC 过渡的时代。新 DB 计划相较过去的 DB 计划有较高的灵活性，且仍有税收优惠，同时当基金累积不足时可增加缴费，且可全部计入当期损失。日本借鉴美国 401（K）计划引入缴费确定型 DC 计划，即日本版 401（K）。2011 年后企业型 DC 雇员允许缴费，且可进行税前扣除，但雇员和雇主缴费总额不超过 5.5 万日元，且雇员缴费需小于雇主。

3.2.3　日本的养老金第三支柱

日本的养老金第三支柱是私人养老金计划，包括 2001 年设立的个人缴费确定型养老金计划（iDeCo）和 2014 年设立的具有税收优惠的个人储蓄账户 NISA（见表 4-4）。个人养老金计划不具有强制性，公民本着自愿的原则决定是否参加。个人缴费确定型养老金计划（iDeCo）与第二支柱企业型 DC 计划互补。个人型 DC 对参与者有严格限制，必须正常缴纳国民年金才能参加。个人储蓄账户 NISA 是具有税收优惠的个人储蓄账户，由日本金融厅负责监管。设立 NISA 是鼓励日本年轻人为养老做准备，20 岁以上居民均可办理。2016 年，日本推出少年个人储蓄账户 Junior NISA，NISA 覆盖范围进一步拓宽至 18 岁以下未成年人。

表 4-4　iDeCo 与 NISA 的比较

	个人缴费确定型养老金计划（iDeCo）	个人储蓄账户计划（NISA）
定位	退休储蓄账户	个人免税储蓄账户
税优模式	EET（年金缴费、投资收益免税、给付征税）	TEE
优势	缴费，以及投资金融产品时产生的投资收益可部分免税；领取时可按不同领取方式进行税费减免	每年购买金融产品获得的利润可以免除 20% 税收
适用人群	年龄在 20～59 岁	任何年龄阶段
缴费额度	根据不同工作而异	一般个人储蓄计划 120 万日元 / 年；少年 NISA 80 万日元 / 年；NSTA 40 万日元 / 年
免税期限	到 60 岁	5 年
领取限制	60 岁才可领取	无时间限制
可投资产品	上市公司股票、投资依托、担保投资、定期储蓄	上市公司股票、投资信托、ETF、REIT
发行日	1. 个人型 iDeCo：2001 年开始，2017 年公务员加入最终定 2. 中小企业主支付计划：2018 年开始	1. 一般个人储蓄计划（NISA）：2014 年开始； 2. 少年储蓄计划（Junior NISA）：2016 年开始； 3. 小额累积投资免税计划（NSTA）：2018 年开始

（续表）

	个人缴费确定型养老金计划（iDeCo）	个人储蓄账户计划（NISA）
监督管理	国家养老基金联合会（厚生劳动省下属法人机构）	日本金融厅（FSA）

资料来源：信达证券研究中心。

3.3 英国的养老金三支柱体系

当前的英国养老金体系可划分为三大支柱（见图 4-4），其中，第一支柱国家养老金采取现收现付制，强制要求所有工薪雇员参加，并以国民保险税的方式缴费；第二支柱职业养老金由雇主向雇员提供，主要包括确定收益型（DB）和确定缴费型（DC）；第三支柱个人养老金包括三种计划，分别是个人养老保险、存托养老金计划和个人投资养老金计划，是由个人自愿参与的补充性养老金计划。从规模上看，职业养老金在整个养老金体系中占比接近 60%，是英国养老金体系中名副其实的"顶梁柱"。

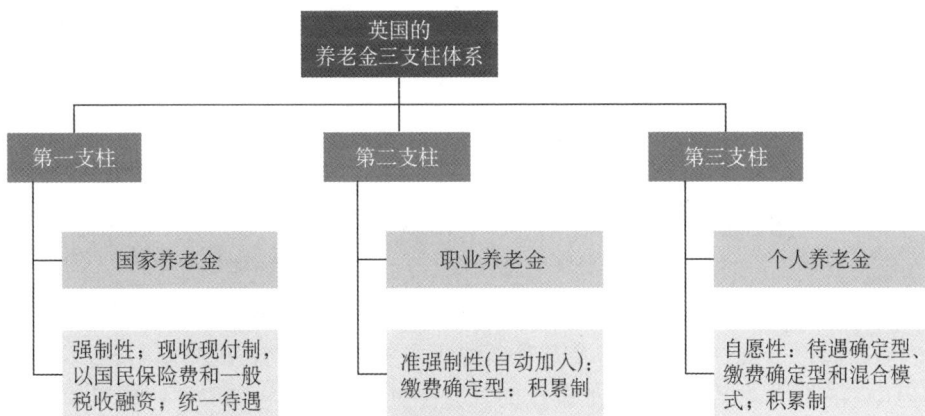

图 4-4 英国的养老金三支柱体系

资料来源：信达证券研究中心。

3.4 加拿大的养老金四支柱体系

加拿大的私人养老金非常发达，能为退休人员提供远高于 OECD 类型国家（加入经济合作与发展组织的成员国）的养老金福利。按世界银行的划分标准，来自财政转移的非缴费型"老年保障计划"被划为第零支柱，加拿大养老金计划和魁北克养老金计划被划为第一支柱，而注册养老金计划、集合注册退休金计划和递延利润分享计划被划分为第二支柱，自愿型个人注册退休储蓄计划与个人免税储蓄账户被划分为第三支柱（见图4-5）。

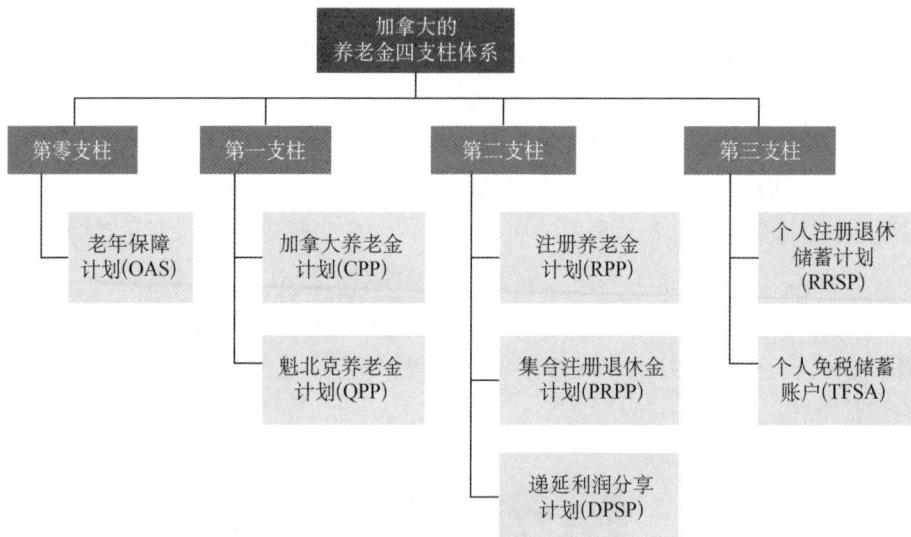

图4-5 加拿大的养老金四支柱体系
资料来源：信达证券研究中心。

加拿大养老金四个支柱的替代率普遍高于 OECD 类型国家的平均水平，加拿大零支柱"老年保障计划"可达 15%，第一支柱加拿大养老金计划为 25%，零支柱与第一支柱合并的公共养老金计划可达 40%，超过 OECD 类型国家 30.5% 的平均水平，第二与第三支柱合并的私人养老金替代率可达到 70%，远高于 OECD 类型国家 22.3% 的平均水平。因此，如果在加拿大自愿加入第二和第三支柱计划，那么退休后的总体福利水平与退休前相差无几。

3.5 德国的养老金三支柱体系

德国是世界上最早建立现代社会保障体系的国家。德国的养老金第一支柱是由基础养老金提供的基本保障，可享受来自政府的补贴以及税收优惠政策，涵盖法定养老保险、农民养老保险、公务员养老保险与特定职业的养老保险；第二支柱是与资本市场结合的补充保障，由政府支持、税收减免的企业补充养老金体系承担；第三支柱是享受政府大额补贴与税收优惠支持的补充性个人养老保险，囊括吕库普养老保险、里斯特养老金以及非税收优惠个人建立的个人养老保险（见图 4-6）。

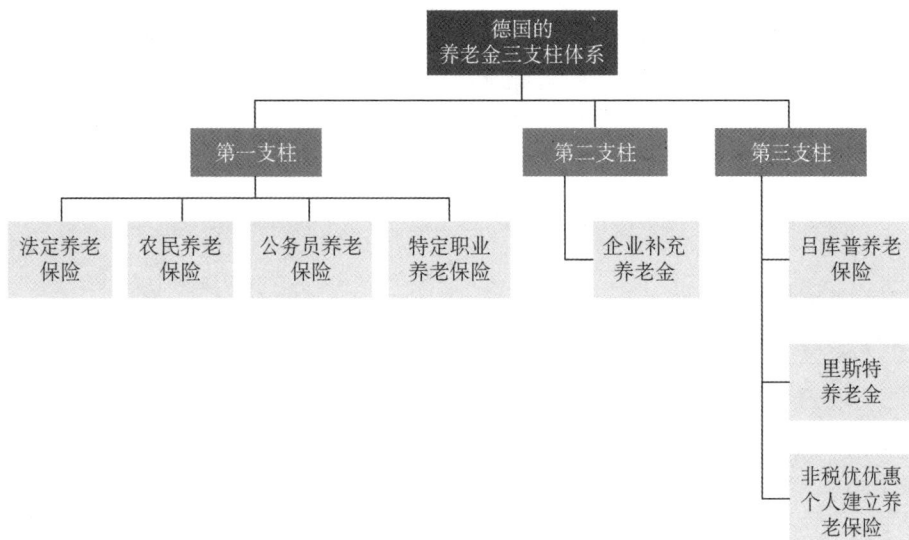

图 4-6 德国的养老金三支柱体系

资料来源：信达证券研究中心。

3.6 澳大利亚的养老金三支柱体系

澳大利亚自 20 世纪 90 年代以来逐步形成了以超级年金为代表的养老金三支柱体系，被认为是世界上最为成熟的养老金体系之一，也曾被世界银行誉为养老金三支柱体系的"范本"。其中，第一支柱基础养老金是覆盖澳大利亚全体国民的基本养老金；第二支柱补充养老金计划以雇主强制缴费的保障型超级年金为主，也是澳洲养老体系的"顶梁柱"；第三支柱个人养老储蓄主要是自愿型超级年金。此外，澳大利亚政府还专门成立了澳大利亚未来基金作为储备养老金，以应对未来可能出现的养老金支付缺口，缓解财政压力（见图 4-7）。

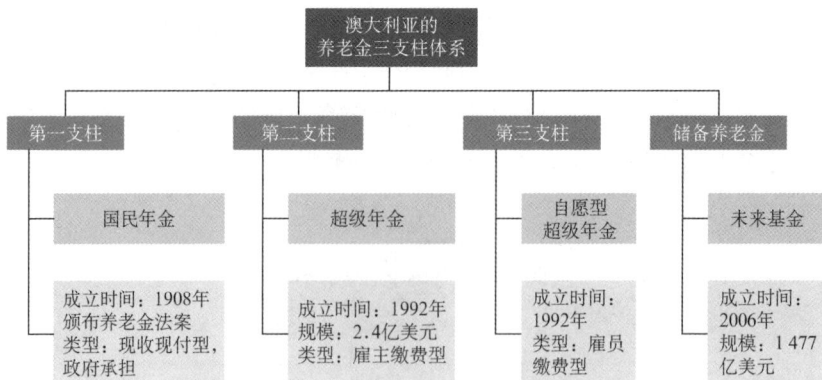

图 4-7 澳大利亚的养老金三支柱体系

资料来源：信达证券研究中心。

4. 中国的养老金三支柱体系

4.1 中国的养老金三支柱体系概述

1991 年 6 月，国务院颁布《关于企业职工养老保险制度改革的决定》，明确提出："逐步建立起基本养老保险与企业补充养老保险和职工个人储蓄性养老保险相结合的制度"，这是我国构建公共基本养老保险、企业补充养老保险和职工个人储蓄养老保险三支柱养老金制度的开端（见图 4-8）。

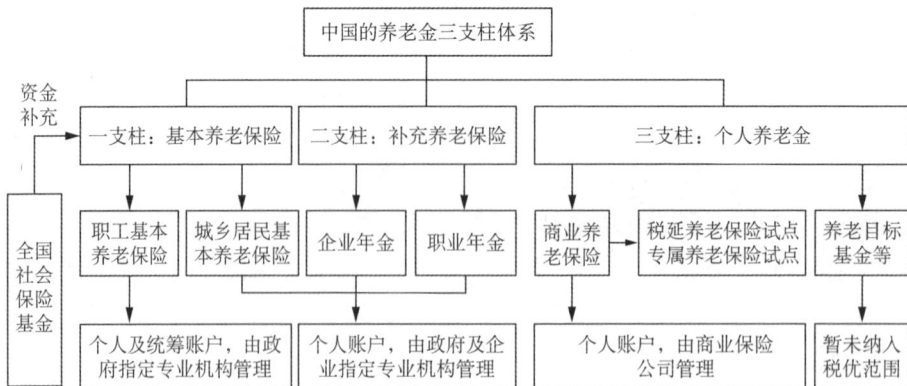

图 4-8 中国养老金三支柱体系

资料来源：根据《国务院关于企业职工养老保险制度改革的决定》构建的养老金三支柱体系示意图。

与部分发达国家相比，中国养老金体系发展较快但仍相对薄弱，三支柱总量规模占 GDP 的比重更是有较大差距，存在一定的结构差异（见图 4-9）。加拿大、英国等发达国家的养老金储备占 GDP 的比重普遍超过 100%。

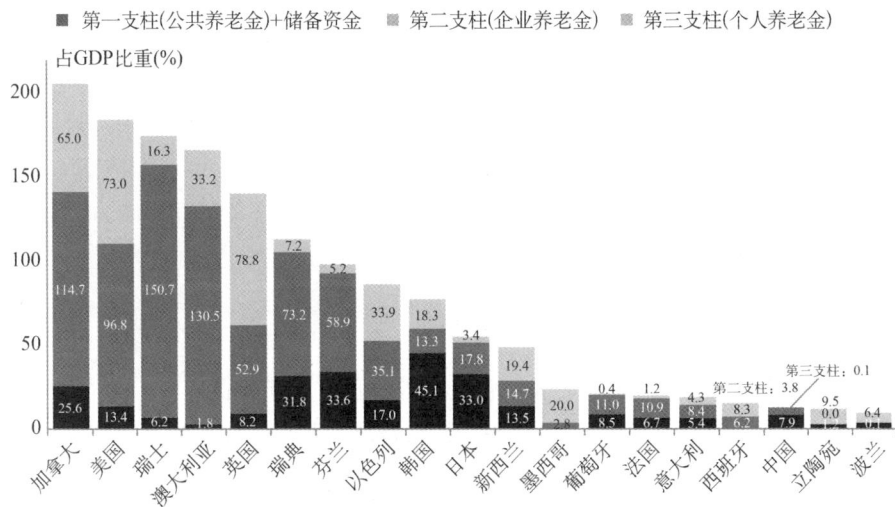

图 4-9　2021 年代表性国家的养老储备规模与结构差异
资料来源：Wind，人社部官网。

4.1.1　第一支柱：基本养老保险

第一支柱是中国养老金体系的核心，主要由城镇职工基本养老保险和城乡居民基本养老保险构成，涵盖了大部分劳动者和居民。

（1）城镇职工基本养老保险，主要覆盖城镇各类企业及其职工、城镇灵活就业人员和个体工商户，模式为社会统筹与个人账户相结合。

（2）城乡居民基本养老保险，合并了新型农村社会养老保险和城镇居民社会保险，主要覆盖年满 16 周岁（不含在校学生）、非国家机关和事业单位工作人员及不属于职工基本养老保险制度范围的城乡居民，模式为个人缴费与集体或政府补贴相结合。

截至 2023 年年底，全国基本养老、失业、工伤保险参保人数分别为 10.66 亿人、2.44 亿人、3.02 亿人，同比增加 1 336 万人、566 万人、1 054 万人。全年三项社会保险基金收入为 7.92 万亿元，支出 7.09 万亿元，年底累计结余 8.24 万亿元，基金运行总体平稳。

根据《中国养老金精算报告 2019—2050》测算，在"大口径"（包括财政补助）下，全国城镇企业职工基本养老保险基金累计结余将于 2027 年达到峰值 6.99 万亿元，然后开始迅速下降，到 2035 年将耗尽累计结余。

在老年抚养比逐年上升的情况下，养老金增速显著低于在岗职工的工资增速，因此基本养老金替代率（退休人员的平均养老金 / 同年在岗职工平均工资）长期处于下降通道。基本养老金替代率已从 2000 年的 71.9% 降至 2015 年的 44.8%。

据世界银行的测算，养老金的替代率不低于 70% 时，老年人退休前后的生活质量才不会出现明显下降，因此，第一支柱养老金替代率相较 70% 的缺口须由第二支柱和第三支柱来共同弥补。

4.1.2　第二支柱：企业补充养老保险

第二支柱是对第一支柱的补充，主要包括企业年金和职业年金。企业年金由企业为其员工设立，职业年金则针对公务员和事业单位工作人员。

企业年金，是指企业及其职工在依法参加基本养老保险的基础上，自愿建立的补充养老保险制度，由企业和个人缴费共同承担。

职业年金，是指为公职人员（公务员或按照公务员法管理的机关单位、事业单位及编制内的工作人员）提供的基本养老保险之外的补充养老保险，由单位和个人缴费共同承担，具有强制性。

目前，我国企业年金整体覆盖率较低。根据人社部数据，2007—2024 年一季度，我国建立企业年金的企业数量从 3.2 万家增长至 14.95 万家，覆盖的职工数量也从 929 万人增长至 3 193 万人，但 2014 年以来参保人数增速呈现快速下滑，2017 年增速一度低至 0.3%。而从结余规模看，2007—2024 年一季度，我国企业年金基金结余规模由 1 519 亿元增长至 3.3 万亿元，年均复合增速达到 19.85%。截至 2023 第三季度末，全国有 13.9 万户企业建立企业年金，企业数不足全国企业法人单位数的 0.5%；参加职工 3 103 万人，参与职工人数不到基本养老保险参保人的 3%（见图 4-10）。

自企业年金制度 2004 年正式建立至今已有 18 年，目前央企、大型国企等企业年金传统优势市场的容量已近饱和，可发展的企业年金客户绝对量迅速减少，而中小民营企业建立企业年金的动力相对较低，未来参保覆盖率的提升面临一定阻碍。2024 年年末，企业年金积累基金规模达 3.64 万亿元，同比上升 14.27%；参加职工人数为 3 242 万人，同比增加 3.11%（见图 4-11）。

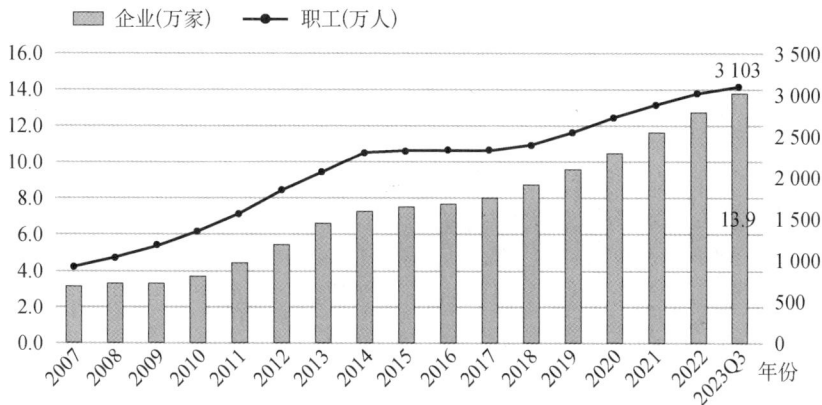

图 4-10 企业年金参与企业数量和职工数量

资料来源：Wind，人社部官网。

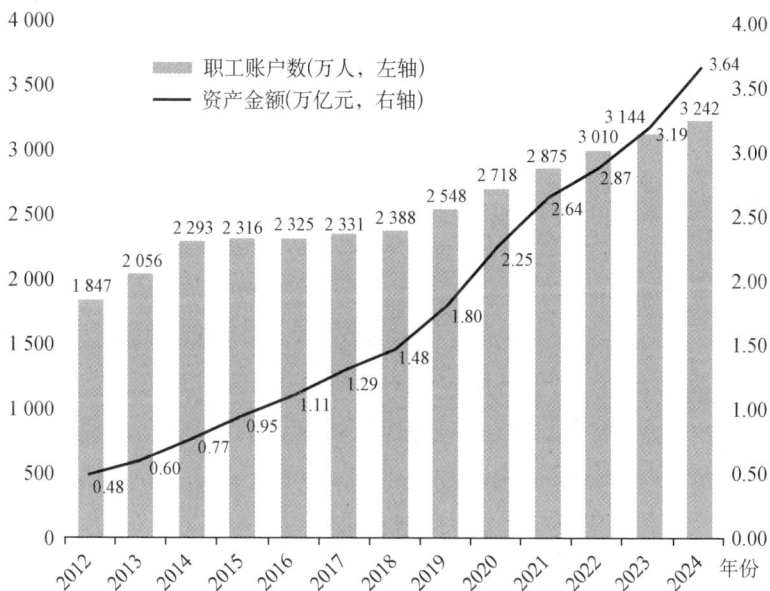

图 4-11 中国企业年金的基金规模及增速

资料来源：Wind，人社部官网。

　　此外，我国企业年金区域间结构不平衡。从发展结构来看，我国各地区企业年金的发展参差不齐（见图 4-12），参加企业年金计划较多的省份主要集中在北京、上海、广东以及浙江、江苏等相对发达省（区、市）。

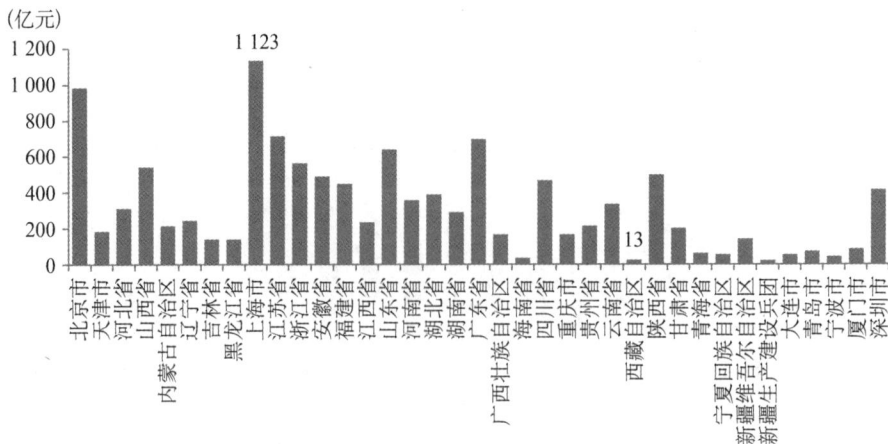

图4-12 2021年企业年金结余规模分地区结构情况
资料来源：中华人民共和国人力资源和社会保障部官网。

职业年金的特殊性在于其参保人员为机关事业单位及其工作人员，并且具有强制性，所以整体参保率很高，但由于仅能覆盖部分人群，因此难以成为社会养老的主要支撑制度。

4.1.3 第三支柱：个人养老金

个人养老金制度是中国养老金三支柱体系的重要组成部分，是指政府政策支持、个人自愿参加、市场化运营、实现社会养老保险补充功能的制度。个人养老金缴费完全由参加人个人承担，自主选择购买符合规定的储蓄存款、理财产品、商业养老保险、公募基金等金融产品，实行完全积累，按照国家有关规定享受税收优惠政策。

从发展前景看，个人养老金制度的实施，有利于在基本养老保险和企业年金、职业年金基础上，再增加一份积累，退休后能够再多一份收入，进一步提高退休后的生活水平，让老年生活更有保障、更有质量，个人养老金发展是必然趋势。

4.2 中国的个人养老金制度

4.2.1 个人养老金制度的实施

2022年11月17日，《人力资源社会保障部办公厅、财政部办公厅、国家税务总局办公厅关于公布个人养老金先行城市（地区）的通知》发布。个人养老金制度在 36 个先行城市或地区实施。在先行城市（地区）所在地参加职工基本养老保险或城乡居民基本养老保险的劳动者，可参加个人养老金。通过国家社会保险公共服务平台、全国人社政务服务平台、电子社保卡"掌上 12333App"等全国统一线上服务入口或商业银行等渠道，建立个人养老金账户，通过商业银行开立个人养老金资金账户。

国家社会保险公共服务平台数据显示，截至 2023 年年底，超 5 000 万人开立个人养老金账户，其长期投资回报获业界看好。个人养老金产品增加至 753 只，包括 465 只储蓄类产品、162 只基金类产品、107 只保险类产品、19 只理财类产品。

4.2.2　个人养老金制度的政策要点

《个人养老金实施办法》明确了个人养老金产品包括储蓄存款、理财产品、商业养老保险、公募基金四类金融产品，具体产品及发行销售机构由相关金融监管部门确定。

（1）银行业可纳入个人养老金的储蓄和理财产品。个人养老储蓄产品包括特定养老储蓄，不包括其他特定目的储蓄，且仅允许购买资金账户开户行发行的储蓄。个人养老金理财产品包括养老理财产品和适合个人养老金长期投资或流动性管理需要的其他理财产品。

（2）基金业可纳入个人养老金的基金产品。该类型的基金产品包括：最近 4 个季度末规模不低于 5 000 万元或者上一季度末规模不低于 2 亿元的养老目标基金；适合个人养老金长期投资的股票基金、混合基金、债券基金、基金中基金和中国证监会规定的其他基金。

（3）保险业可参与个人养老金的产品。该类型的产品包括年金保险、两全保险，以及银保监会认定的其他商业养老保险，不局限于此前试点的专属养老保险，并规定保险产品触发风险保障事故的赔款资金可不返回个人养老金资金账户。

4.2.3　个人养老金制度的参与

（1）参加资格。从参与范围来看，在中国境内参加城镇职工基本养老保险或者城乡居民基本养老保险的劳动者都可以参加个人养老金制度。在职人员不论是什么样的就业形态，即不论是单位就业人员还是灵活就业人员，不受就业地域、户籍限制，只要个人自愿都可以公平参加，跨省跨地域流动时，个人的权益不受影响。

（2）参与方式。从参与方式来看，个人养老金实行个人账户制度，缴费完全由参加人个人承担，实行完全积累，有税收优惠。参加人通过个人养老金信息管理服务平台，建立个人养老金账户。个人养老金资金账户可以由参加人在符合规定的商业银行指定开立，也可以通过其他符合规定的金融产品销售机构指定。

（3）账户开户。参加个人养老金，需要开通个人养老金账户和个人养老金资金账户。

参加个人养老金，应当通过全国统一线上服务入口或者商业银行渠道，在信息平台开立个人养老金账户；其他个人养老金产品销售机构可以通过商业银行渠道，协助参加人在信息平台在线开立个人养老金账户。

参加人可以选择一家商业银行开立或者指定本人唯一的个人养老金资金账户，也可以通过其他符合规定的个人养老金产品销售机构指定。

个人养老金账户和个人养老金资金账户都是唯一的，且互相对应。通过商业银行渠道，可以一次性开立这两个账户。

（4）个人养老金账户与个人养老金资金账户功能各不相同。

个人养老金账户用于登记和管理个人身份信息，并与基本养老保险关系关联，记录个人养老金缴费、投资、领取、抵扣和缴纳个人所得税等信息，是参加人参加个人养老金、享受税收优惠政策的基础。

个人养老金资金账户作为特殊专用资金账户，参照个人人民币银行结算账户项下Ⅱ类户进行管理。个人养老金资金账户与个人养老金账户绑定，为参加人提供资金缴存、缴费额度登记、个人养老金产品投资、个人养老金支付、个人所得税税款支付、资金与相关权益信息查询等服务。

（5）缴费上限。目前，参加人每年缴纳个人养老金额度上限为12 000元，参加人每年缴费不得超过该缴费额度上限。参加人可以按月、分次或者按年度缴费，缴费额度按自然年度累计，次年重新计算。

（6）领取条件及方式分别如下。

领取条件：①达到领取基本养老金年龄；②完全丧失劳动能力；③出国（境）定居；④国家规定的其他情形。

领取方式：按月、分次或者一次性领取。参加人选取分次领取的，应选定领取期限，明确领取次数或方式，领完为止。

（7）账户变更。参加人可以在不同商业银行之间变更其个人养老金资金账户。参加人办理个人养老金资金账户变更时，应向原商业银行提出，经信息平台确认后，在新商业银行开立新的个人养老金资金账户。参与金融机构按照参加人的要求和相关业务规则，为参加人办理原账户内资金划转及所持有个人养老金产品转移等手续。

（8）账户继承。参加人身故的，其个人养老金资金账户内的资产可以继承。参加人因出国（境）定居、身故等因素社会保障卡被注销的，商业银行将参加人个人养老金资金账户内的资金转至其本人或者继承人指定的资金账户。

参加人完成个人养老金资金账户内资金（资产）转移，或者账户内的资金（资产）领取完毕的，商业银行注销该资金账户。

4.2.4　个人养老金的税收优惠

按照《关于个人养老金有关个人所得税政策的公告》的规定，自 2022 年 1 月 1 日起，对个人养老金实施递延纳税优惠政策。个人养老金制度的税优政策将采用 EET 模式，即表现在以下三个方面。

（1）缴费环节免税：对参加者按每年 12 000 元的限额予以税前扣除，参加人可视情况于当年预扣预缴或次年汇算清缴时在限额标准内据实扣除。

（2）投资环节免税：积累过程中计入个人养老金产品的投资收益暂不征税。

（3）领取环节降税：领取阶段单独执行 3% 的税率，进一步提升个人养老金对居民的吸引力。

个人养老金的递延纳税优惠政策，可以归纳为购买不收税，投资不征税，领取时减税。

表 4-5　个人养老金的递延纳税优惠计算表

级数	应纳税所得额	税率（%）	节税金额
1	不超过 36 000 元的部分	3	360
2	超过 36 000 元至 144 000 元的部分	10	1 200
3	超过 144 000 元至 300 000 元的部分	20	2 400
4	超过 300 000 元至 420 000 元的部分	25	3 000
5	超过 420 000 元至 660 000 元的部分	30	3 600
6	超过 660 000 元至 960 000 元的部分	35	4 200
7	超过 960 000 元的部分	45	5 400

假设个人年收入 30 万元（见表 4-5），全年缴纳社保公积金 6 万元，按照每年 1.2 万元的限额来缴个人养老金。在未进行个人养老金缴存前，年度应缴纳的个税为：（30 万 - 6 万 - 6 万）× 20% - 16 920 元 = 19 080 元；在缴存之后，应缴纳个税是（30 万 - 6 万 - 6 万 - 1.2 万）× 20% - 16 920 = 16 680 元，年度内节税 2 400 元。

（注：16 920 是对应 20% 的个税所应减掉的速算扣除数。）

当然，个人养老金的税收优惠问题不能一概而论，个人还是要参照自己的收入情况考量，因人而异。

4.3 全国社保基金

4.3.1 社保基金的功能

除了以上三支柱外，为完善健全我国养老金体系，2000 年我国成立全国社会保障基金并设立全国社会保障基金理事会（National Council for Social Security Fund, SSF）管理运营。全国社保基金是"中央政府专门用于社会保障支出的补充、调剂基金，由国有股减持划入的资金和股权资产、中央财政预算拨款、经国务院批准以其他方式筹集的资金及投资收益构成"。社保基金为中国养老金三支柱体系的重要战略储备（见图 4-13）。

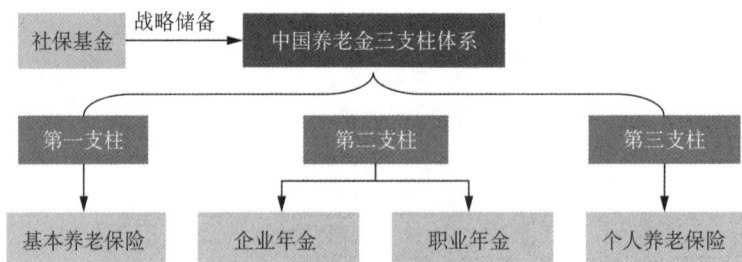

图 4-13　社保基金的功能
资料来源：《中国证券投资基金业年报 2021》。

社保基金是不向个人投资者开放的，社保基金是国家把企事业职工交的养老保险费中的一部分资金交给专业的机构管理，以实现保值增值。

4.3.2 社保基金的发展

2013 年社会保险基金预算首次列入预算报告，接受我国最高权力机关监督。

2013 年全国社会保险基金预算按险种分别编制，包括基本养老保险基金、基本医疗保险基金、失业保险基金、工伤保险基金、生育保险基金等社会保险基金。

2016 年 2 月 3 日国务院常务会议上，《全国社会保障基金条例》获得通过。这意味着，1.5 万亿元社保基金的资产管理将真正实现有法可依。

《全国社会保障基金条例》对全国社保基金的筹资、管理以及使用都做了明确的规定，进一步规范了基金的运行，从而保障基金的安全。

社保基金资金来源：中央财政拨入资金、国有股减持或转持所获资金和股权资产、经国务院批准以其他方式筹集的资金及其投资收益。

2024 年 10 月 12 日，全国社会保障基金理事会发布的 2023 年全国社会保障基金年度报告显示，截至 2023 年年末，基金资产总额达 30 145.61 亿元。其中：直接投资资产为 9 407.03 亿元，占基金资产总额的 31.21%；委托投资资产达 20 738.58 亿元，占基金资产总额的 68.79%。境内投资资产达 26 685.68 亿元，占基金资产总额的 88.52%；境外投资资产为 3 459.93 亿元，占基金资产总额的 11.48%。

基金负债总额 3 576.19 亿元，主要是基金在投资运营中形成的短期负债，以及待返还部分委托省份做实个人账户中央补助资金到期结算资金的本息注。

基金权益总额为 26 569.42 亿元，包括：全国社会保障基金权益 26 168.83 亿元，其中，累计财政性净拨入 11 420.03 亿元，累计投资增值余额 14 748.80 亿元（其中累计投资收益余额 14 557.45 亿元，基金公积和报表折算差额合计 191.35 亿元）。个人账户基金权益 400.59 亿元，其中，委托本金余额 211.72 亿元，累计投资收益余额 188.87 亿元。

4.3.3 社保基金的运作模式

社保基金投资运作的基本原则是，在保证基金资产安全性、流动性的前提下，实现基金资产的增值。

全国社保基金理事会直接运作的社保基金的投资范围仅限于银行存款、在一级市场购买国债，其他投资须委托社保基金投资管理人管理和运作并委托社保基金托管人托管。社保基金的投资范围包括银行存款、国债、证券投资基金、股票、信用等级在投资级以上的企业债、金融债等有价证券，其中银行存款和国债的投资比例不低于 50%，企业债、金融债不高于 10%，证券投资基金、股票投资的比例不高于 40%。

单个投资管理人管理的社保基金资产投资于一家企业所发行的证券或单只证券投资基金，不得超过该企业所发行证券或该基金份额的 5%；按成本计算，不得超过其管理的社保基金资产总值的 10%。委托单个社保基金投资管理人进行管理的资产，不得超过年度社保基金委托资产总值的 20%。

4.3.4 社保基金的运作效益

全国社会保障基金理事会发布的全国社会保障基金 2023 年度报告显示，社保基金自成立以来的年均投资收益率 7.36%，累计投资收益额 16 825.76 亿元。从投资业绩看，2023 年，社保基金投资收益额 250.11 亿元，投资收益率 0.96%（扣除非经常性损益后的投资收益率为 1.02%）。其中，已实现收益额 794.61 亿元（已实现收益率 3.13%），交易性资产公允价值变动额-544.50 亿元。

展望后市，社保基金的投资环境有望改善。从中国经济的基本面看，2024 年初以来经济趋稳的势头比较明显，投资和消费均同比上升，出口也有边际改善的迹象。与此同时，财政政策、货币政策的发力空间还比较大，全年经济增长的各项目标有望顺利完成。此外，在高质量发展的目标下，上市公司质量也有望得到进一步提升，社保基金的投资收益也将稳健发展。

4.3.5 社保基金的运作管理

财政部于 2023 年 12 月 6 日发布《全国社会保障基金境内投资管理办法（征求意见稿）》，对社保基金的运作管理做了明确规定。

在投资范围方面，征求意见稿将此前专项批复进行了整合，并适当优化调整投资范围，兼顾基金安全和保值增值需要。主要调整包括：一是纳入历年专项批复内容，具体包括同业存单、政策性和开发性银行债券、地方政府债券、企业债、债券回购、直接股权投资、产业基金、市场化股权投资基金、优先股、资产证券化产品、公开募集基础设施证券投资基金等；二是结合金融市场发展变化，参考基本养老保险基金、企业年金基金投资，增加和调整全国社保基金投资范围，具体包括公司债、非金融企业债务融资工具、养老金产品等；三是根据金融市场发展，适当增加套期保值工具，具体包括股指期货、国债期货、股指期权等。此外，明确社保基金会直接投资范围限于银行存款、同业存单，符合条件的直接股权投资、产业基金、股权投资基金（含创业投资基金）、优先股，经批准的股票指数投资、交易型开放式指数基金。

在投资监管比例方面，根据基金投资和监管实践，综合考虑风险收益特征，将全国社保基金投资品种按照存款和利率类、信用固收类、股票类、股权类进行划分，并将境内和境外投资全口径纳入监管比例。股票类、股权类资产最大投资比例分别可达 40% 和 30%，进一步提高了全国社保基金投资灵活度，有利于持续支持资本市场发展。

　　此外，征求意见稿还适度下调了管理费率、托管费率的上限。其中，股票类产品管理年费率不高于 0.8%，债券类产品管理年费率不高于 0.3%；货币现金类产品管理年费率不高于 0.1%；股权投资基金管理年费率不高于 1.5%；托管人提取的托管年费率不高于 0.05%。

　　《全国社会保障基金境内投资管理办法》的发布，旨在进一步完善全国社保基金法规制度，规范投资行为，支持全国社保基金更好地保值增值。

第 5 章

养老模式

导读

随着人口老龄化趋势的日益显著，养老问题已成为全球关注的焦点。在现代社会快速变迁的背景下，传统的家庭养老模式面临着诸多挑战，如家庭结构小型化、子女异地工作、养老资源分配不均等。因此，探索并发展多元化、创新性的养老模式，成为应对老龄化社会挑战、提升老年人生活质量的重要途径。

养老模式，简言之，是指为满足老年人物质与精神需求而构建的一系列生活安排与服务体系。随着时代的发展，养老模式已从单一的家庭养老逐步向多元化、专业化的方向转变，形成了包括居家养老、社区养老、机构养老以及近年来兴起的智慧养老、医养结合等多种模式在内的综合养老服务体系。

在全球范围内，不同国家根据自身的经济水平、人口结构和社会文化，形成了各具特色的养老模式。

在俄罗斯切博克萨雷，出现了类似"幼儿园式"的托老所项目，老人们早上被送到托老所，下午被接回家。在这里，他们接受健康检查、锻炼身体、读书学习或聊天交流，并参与缝纫刺绣、国际象棋、陶器制作和学习智能手机的使用等丰富多彩的活动。

美国西雅图的一个组织将养老院和幼儿园开在了一起，孩子们与老人们一起吃饭、玩闹、做活动，如唱歌、跳舞、画画、做饭、做游戏等，这种跨代交流学习中心给老人们的生活带来了翻天覆地的变化。

瑞士联邦社会保险部开发了一个养老项目，人们把年轻时照顾老人的时间存起来，等将来自己老了、病了或需要人照顾时，再拿出来使用。服务时数将会存入社会保险系统的个人账户内，形成一种良性循环。

很多老人倾向于在家安度晚年，而不是去养老院。用"时间银行"养老恰恰满足了人们的要求。"时间银行"的宗旨是用自己支付的时间换取别人的帮助，不仅充分利用了社会资源，而且极大地缓解了养老院在资金、基础设施、服务项目等方面的压力。

未来，随着科技的进步和社会观念的变化，通过多元化和创新性的养老模式，可以更好地满足老年人的物质和精神需求，提升他们的生活质量。

1. 养老模式概述

1.1 养老模式的定义

养老模式，也称"养老方式""养老形式""养老体系"，是人们安度晚年的制度安排和机制保障，包括物质层面、生活层面和精神层面。

养老模式体现为通过不同的组织、服务和政策组合，满足老年人生活、健康、心理和社会参与需求的一系列方式。不同的养老模式反映了社会经济、文化背景、家庭结构以及政府政策的差异。

1.2 养老模式的主要分类

1.2.1 家庭养老模式

家庭养老模式以家庭为核心，由家庭成员承担主要的照护责任。这种模式强调血缘和亲情，是许多国家传统文化中常见的养老方式。家庭养老模式的优势在于家庭成员间的情感支持与日常互动，但也面临随着现代化进程加快，家庭结构变化、老龄化加剧等带来的挑战。

1.2.2 社区养老模式

社区养老模式通过社区组织和设施为老年人提供服务，包括日常照料、医疗护理、心理支持等。社区养老强调老年人在熟悉的环境中生活，同时通过社会化服务减轻家庭照护负担。这种模式通常需要政府和社会组织的共同支持。

1.2.3 机构养老模式

机构养老模式是指由专业机构（如养老院、护理院等）提供的集中式养老服务。该模式下，老年人入住专门的养老机构，接受全面的护理和照顾。机构养老适合那些需要高度照护的老年人，但也存在服务质量参差不齐、与家人情感联系减少等问题。

1.2.4 混合养老模式

混合养老模式是指通过家庭、社区、机构等多种模式的结合，综合运用多方资源和服务，以满足老年人多样化的需求。这种模式的优势在于能够充分利用各方资源，弥补单一模式的不足，但实施过程中需要有效的资源整合和管理协调。

1.3 养老模式选择的影响因素

1.3.1 社会经济因素

社会经济发展水平是影响养老模式选择的重要因素之一。在发达国家，社会福利制度较为完善，政府在养老服务中扮演着重要角色，机构养老和社区养老模式较为普及。而在发展中国家，由于社会保障体系相对薄弱，因此家庭养老仍然是主要的养老方式。

1.3.2 文化传统因素

文化传统深刻影响着养老模式的选择。在儒家文化圈中，家庭养老观念根深蒂固，子女赡养父母被视为天经地义的责任。而在西方国家，个人主义和独立自主的理念更为普遍，机构养老成为老年人生活的常态选择。

1.3.3 政策法律因素

政府的政策和法律框架直接决定了养老模式的发展方向。养老服务的法律保障、财政支持、服务标准等都是影响养老模式选择的重要因素。完善的养老政策和法律能够促进机构养老和社区养老模式的发展，减轻家庭养老的压力。

1.3.4 人口结构因素

人口结构的变化对养老模式的选择有着深远的影响。例如，随着生育率的下降、平均寿命的延长以及独生子女政策的影响，传统的家庭养老模式正面临挑战，需要更多地依赖社会化养老服务。

2. 家庭养老模式

2.1 家庭养老的观念

在中国，孝道文化作为儒家思想的重要组成部分，对家庭养老模式的形成和发展具有深远的影响。孝道不仅是子女对父母的经济赡养责任，还包括精神上的尊重与关怀。

孔子在《论语》中将"孝"视为人伦之本，强调"事父母，能竭其力"。随着儒家思想的普及，孝道逐渐成为社会的主流价值观，深入人心。无论在家庭还是社会生活中，孝道都被视为德行之本、家庭和谐的基础。

在传统家庭中，孝道的实践形式多种多样，包括为父母提供生活保障、定期探望、照料日常起居等。此外，老年人的话语权和地位在家庭中也因孝道而得到尊重。

尽管现代社会发生了巨大变革，但孝道文化依然影响着中国家庭养老模式。子女对父母的赡养责任被法律所认可，并在道德层面受到广泛推崇。即便在城市化进程中，孝道文化依然发挥着维系家庭关系的重要作用。

2.2　家庭养老的现实困境

2.2.1　城市化与家庭结构变化

随着中国城市化进程的加速，传统的多代同堂家庭结构逐渐瓦解，核心家庭和单身家庭日益普遍。城市生活节奏快、居住空间有限，使得老年人与子女共同生活的机会减少。大量的农民工进城务工，导致农村出现大量留守老人，这些老年人缺乏子女的日常照顾，生活质量受到影响。

随着独生子女政策的实施，中国家庭规模普遍缩小，一个子女同时赡养两至四位老人的现象越来越普遍。赡养老人的责任集中在少数子女身上，给他们带来了巨大的经济压力和精神负担。同时，现代社会中，年轻人面临的工作压力和生活压力也使得他们难以投入足够的时间和精力照顾老人。

中国的城市化进程伴随着大规模的人口流动。许多年轻人为了工作机会，离开家乡到城市生活，无法与父母同住，只能通过电话、视频等方式进行远程关怀，或者定期返乡探望。

2.2.2　女性角色变化与家庭养老压力

传统上，女性在家庭中承担着照顾老年人的主要责任。然而，随着女性教育水平的提高和社会地位的提升，越来越多的女性进入职场，追求职业发展。由于职业与家庭照顾的双重压力，女性难以像过去那样全身心投入到家庭养老中。

在现代社会，双职工家庭已成为常态，这对家庭养老提出了新的挑战。许多年轻夫妇在工作和家庭责任之间难以平衡，照顾老年人的时间和精力严重不足。尤其是在家庭成员健康状况不佳的情况下，照顾老年人往往成为额外的负担，导致家庭矛盾增加。

女性社会角色的转变不仅影响家庭内部的养老分工，而且促使社会逐渐接受和推行社会化养老服务。越来越多的家庭开始依赖社区养老服务、养老机构照护等模式，以减轻家庭内部的养老压力。这一转变也推动了养老模式的多样化和社会化进程。

2.2.3　老年人的经济与健康挑战

尽管中国政府在逐步完善老年人的社会保障体系，但许多老年人仍然面临经济上的不确定性。特别是在农村地区，老年人普遍缺乏养老金，生活主要依赖子女的赡养或是微薄的农业收入。经济困难使得老年人在家庭中的地位和生活质量下降，增加了家庭养老的压力。

随着年龄的增长，老年人患慢性病和失能的风险增加，对医疗服务的需求也随之提高。然而，现有的医疗保障体系无法完全覆盖老年人的医疗需求，尤其是在农村和偏远地区，医疗资源短缺严重，老年人得不到及时有效的治疗。这种情况进一步加重了家庭的照护负担，许多家庭因此陷入因病致贫的困境。

老年人在晚年生活中，除了身体健康问题，心理健康也是一大挑战。由于孤独、社会角色丧失等因素，老年人容易出现抑郁、焦虑等心理问题。家庭成员由于工作和生活的忙碌，往往忽视了老年人的心理需求，使老年人的心理问题得不到及时解决。这种情况不仅影响老年人的生活质量，而且加剧了家庭内部的情感疏离。

2.3　家庭养老的支持政策

2.3.1　国家层面的政策支持

中国政府通过法律手段保障老年人的基本权益。《中华人民共和国老年人权益保障法》明确规定，子女有赡养父母的义务，老年人有权要求子女提供经济支持和生活照料。此外，法律还规定政府有责任为老年人提供社会保障、医疗服务和养老服务。这些法律条款为家庭养老提供了法律依据和保障。

为了减轻家庭养老的经济压力，中国政府逐步建立并完善了养老保险制度。目前，中国的养老保险体系包括基本养老保险、城乡居民养老保险等多层次的保障体系。这些制度的实施为老年人提供了一定的经济保障，减少了他们对家庭经济支持的依赖。

为了应对老年人日益增长的医疗需求，中国政府不断完善医疗保障体系，并在部分地区试点长期护理保险。长期护理保险制度旨在为失能老年人提供专业的护理服务，减轻家庭的照护负担。这项制度的推广，有助于缓解家庭内部因病致贫的现象。

2.3.2　地方政府的创新实践

地方政府积极探索居家养老服务模式，为老年人提供上门服务、健康管理、日间照料等多种服务。例如，北京市推出的"居家养老服务卡"项目，通过政府补贴与市场化运营相结合的方式，为老年人提供个性化的居家养老服务。

地方政府通过公共财政支持和政策引导，鼓励社会力量参与养老服务供给，推动养老服务的多样化。例如，上海市的社区嵌入式养老机构为老年人提供了灵活的养老选择，同时也为家庭养老提供了有效的补充。

在农村地区，地方政府通过建设农村幸福院、乡村养老服务中心等形式，改善老年人的生活条件。例如，山东省的"幸福院"项目通过村集体出资、社会捐助等方式，建立了老年人日间照料中心，为村里的老年人提供集体用餐、文娱活动、健康检查等服务。

2.3.3　社会组织与社区的支持

社区养老服务中心的建立为家庭养老提供了重要的支持。这些中心通常提供日间照料、餐饮服务、健康管理、文化娱乐等多种服务，使得老年人在社区内就能享受到便捷的养老服务。例如，深圳市的"社区养老服务中心"通过政府购买服务的方式，为辖区内的老年人提供一站式的养老服务。

社会组织在家庭养老支持中扮演着越来越重要的角色。许多社会组织通过公益项目、志愿者服务等方式，为老年人提供生活照料、心理关怀和文化娱乐等服务。例如，上海市的"为老服务联盟"由多个社会组织联合组成，通过整合社会资源，为社区老年人提供全方位的养老服务支持。

3. 社区养老模式

3.1 社区养老的特点与优势

社区养老模式是一种以社区为依托，为老年人提供日常照料、生活服务、医疗护理、文化娱乐等服务的养老方式。这种模式强调"以居家为基础，以社区为依托，以机构为补充"的理念，使老年人在熟悉的生活环境中享受专业的养老服务。

这种模式不仅保持了老年人的生活独立性，还使他们能够继续参与社区生活，维持社会交往，从而提升了其生活质量和幸福感。

社区养老的优势包括如下四个方面。

（1）灵活的服务模式：社区养老服务模式非常灵活，可以根据老年人的具体需求量身定制服务。例如，老年人可以选择全日制或半日制的日间照料服务，也可以根据需要选择上门服务或到社区中心接受服务。

（2）资源的高效利用：社区养老模式充分利用社区内已有的资源，如社区卫生服务站、文化活动中心、居家养老服务站等，使得养老服务的成本更低，覆盖面更广。

（3）心理健康的保障：老年人留在社区中养老，可以继续与熟悉的邻居、朋友保持联系，减少了孤独感和陌生感。这种熟悉的生活环境有助于老年人的心理健康。

（4）社区的社会融合：社区养老不仅为老年人提供服务，而且促进了社区内不同年龄段居民的互动与交流。通过开展老年人志愿者活动、代际互助等项目，社区养老能够增强社区的凝聚力，推动社会的和谐发展。

3.2 社区养老服务的内容

3.2.1 基础生活照料服务

日间照料服务是社区养老中最为常见的一种服务形式。社区日间照料中心为老年人提供白天的生活照料、休息场所、营养膳食以及文化娱乐活动。这种服务适合那些白天子女不在家，或者需要在日间得到特别照护的老年人。

对于行动不便或者有特殊需求的老年人，社区养老提供上门生活服务，包括家政服务、助浴服务、助餐服务等。社区服务人员定期上门，为老年人提供日常生活所需的各类服务。这种方式灵活高效，能够为老年人提供便利的同时，也能减轻家庭成员的照护压力。

助餐服务也是社区养老中的重要组成部分，主要为行动不便、独居或经济困难的老年人提供一日三餐的送餐服务。社区内设立老年食堂或餐饮中心，提供价格实惠、营养均衡的餐饮选择，有些地区还设有专门的送餐员。这不仅解决了老年人的饮食问题，而且为他们提供了社交机会。

3.2.2　医疗与健康管理服务

社区医疗服务包括老年人的日常健康检查、慢性病管理、康复护理等。社区卫生服务中心或医疗点通常提供便捷的健康管理服务，老年人可以随时到社区医疗点接受治疗或咨询。此外，社区医疗服务还包括定期的健康讲座、疾病预防宣传等，帮助老年人增强健康意识。

社区内设有康复中心或康复设施，为老年人提供专业的康复训练和护理服务。这些服务包括物理治疗、按摩、针灸、康复运动等，帮助老年人恢复或维持身体功能。此外，一些社区还为失能、半失能老人提供专业护理，帮助他们进行日常生活活动如洗漱、穿衣、如厕等。

随着科技的发展，远程医疗逐渐在社区养老中得到应用。通过远程医疗系统，老年人可以在社区内或家中与医生进行远程咨询和诊疗。

3.2.3　社会参与与文化娱乐服务

社区养老中的文化娱乐服务旨在丰富老年人的精神文化生活，帮助他们保持积极的生活态度。社区内经常组织各种文娱活动，如歌舞表演、书法绘画、电影放映、健身操、太极拳等。

老年大学、老年书院等教育机构在社区中逐渐普及，为老年人提供继续学习的机会。社区养老模式中，鼓励老年人参与志愿服务或社区治理工作，如参与社区环境维护、帮助孤寡老人等。

4. 机构养老模式

机构养老模式是一种以养老院、敬老院等养老机构为服务主体，为老年人提供日常生活照料、健康管理和社交互动等服务的养老方式。这种养老模式在全球范围内得到了广泛的应用和发展，其特点和服务内容因地区、国家及机构性质的不同而有所差异。

4.1　养老机构的分类与特点

4.1.1　养老机构的类型

（1）公办养老机构：由政府主导建设和运营，通常以福利院、敬老院、社会福利中心等形式存在。这些机构主要为失能老人、半失能老人、低收入或特殊需求的老年人提供养老服务。公办养老机构通常具备较为齐全的基础设施和服务体系，但由于资源有限，因此可能面临服务供给不足和资源分配不均的问题。

（2）民办养老机构：由私人资本或社会团体投资建设并运营，提供的服务一般更加多样化和个性化。民办机构包括老年公寓、护理院、老年社区等，服务对象多为经济条件较好的老年人。这类机构通常具备较高的服务质量和设施标准，但服务价格也相对较高，适合经济条件较好的老年人群体。

（3）公私合作型养老机构（PPP模式）：是由政府与社会资本合作运营的一种模式。政府提供政策支持、土地资源或资金投入，社会资本则负责机构的建设、管理和运营。这种模式整合了公办和民办养老机构的优势，既保证了服务的普惠性，也提高了运营效率和服务质量。

（4）专业护理型养老机构：主要为高龄、失能、半失能或有特殊医疗护理需求的老年人提供专业护理服务。这类机构通常配备医疗护理团队，提供24小时的专业照护服务，包括康复训练、医疗护理、心理辅导等。

4.1.2　养老机构的特点

（1）具备专业化的服务体系：能够为老年人提供日常生活照料、医疗护理、康复训练、心理辅导等全方位的服务。机构内的服务人员通常接受过专业的培训，能够根据老年人的具体需求提供个性化的服务。

（2）采用集中化管理模式：通过统一的管理体系和服务标准，确保各类服务的高效提供。这种管理模式有助于资源的集中配置，提高服务的效率和质量。

（3）注重老年人的社会化需求：养老机构不仅仅是为老年人提供生活照料，更注重老年人的社会化需求。许多养老机构设有文化娱乐中心、社交活动室、心理咨询室等，帮助老年人保持积极的社交生活，避免孤独和抑郁。

（4）重视老年人的安全保障与风险管理：机构内通常配备安全监控系统、紧急呼救装置、无障碍设施等，确保老年人在生活中的安全。此外，机构还制定了详细的风险管理预案，包括突发事件应急处理、健康风险监控等，最大程度地降低意外事故的发生概率，保障老年人的安全。

4.2　养老机构的发展挑战与应对策略

随着人口老龄化的加剧，养老机构面临着越来越大的服务压力。一方面，老年人数量的增加使得对养老服务的需求不断上升；另一方面，老年人群体的多样化需求增加了服务的复杂性。为应对这一挑战，养老机构需要不断优化服务模式，提高服务效率，加强资源配置和管理。

（1）护理人员短缺和专业人才不足：养老机构普遍面临护理人员短缺和专业人才不足的问题。为了应对这一挑战，养老机构需要加大对从业人员的培训和招聘力度，提高从业人员的职业素养和专业能力。此外，还可以通过引入技术手段，如智能化管理系统、远程医疗等，来减轻护理人员的工作压力，提高服务效率。

（2）资金短缺：养老机构的建设和运营需要大量的资金投入，而资金短缺常常成为发展瓶颈。养老机构可以采取多种筹资方式，如政府资助、社会捐赠、资本投资等。此外，机构还可以通过优化运营管理、提高服务效率来降低运营成本，实现可持续发展。

（3）政策和法规的影响：养老机构的发展还受到政策和法规的影响。政府应进一步完善养老服务的政策法规，提供更多的支持和指导。例如，制定统一的服务标准、加强对养老机构的监管、提供财政补贴等。此外，养老机构应积极关注政策变化，及时调整运营策略，以适应政策和市场环境的变化。

5. 混合养老模式

混合养老模式，也称为综合养老模式，是指通过结合家庭养老、社区养老和机构养老等多种养老方式，形成一个综合性、多层次的养老服务体系。这种模式旨在根据老年人的不同需求和生活状况，提供灵活、多样化的服务解决方案，实现资源的最优配置和服务的最优保障。

5.1　混合养老模式的特点

混合养老模式结合了不同养老方式的优势，具有以下特点。

（1）个性化服务：混合养老模式能够根据老年人的健康状况、生活习惯和个人偏好，提供个性化的服务。例如，对于健康状况较好的老年人，可以在社区内提供日间照料服务；对于需要长期护理的老年人，可以在机构内提供专业的医疗护理。个性化服务能够提高老年人的满意度和生活质量。

（2）灵活调整：混合养老模式允许服务内容和方式的灵活调整。例如，当老年人的健康状况发生变化时，可以根据需要在家庭、社区和机构之间进行转移。这样，老年人可以在不同阶段获得适合的照护服务，避免因服务方式不匹配而导致的生活质量下降。

（3）资源共享：通过整合家庭、社区和机构的资源，混合养老模式能够实现资源的共享和优化配置。例如，社区养老服务可以与机构内的专业医疗资源相结合，共同为老年人提供综合性的服务。这种资源共享有助于提高服务效率，降低运营成本。

（4）多层次保障：混合养老模式提供了多层次的养老保障。家庭养老提供基本的生活照料，社区养老提供日间照料和社交活动，机构养老提供专业的医疗护理。通过多层次的保障，混合养老模式能够满足老年人不同层次的需求，提高其生活质量。

5.2　混合养老模式的实践意义

混合养老模式的实践意义在于其能够适应老年人多样化的需求，同时减轻单一养老方式可能带来的压力。根据"第四次中国城乡老年人生活状况抽样调查"数据，混合养老模式的现实基础以及进入老年人日常生活世界的实践路径被揭示。此外，基于寸草春晖养老机构的实践案例，讨论了混合养老模式在中心城区和乡镇中心的合理性和现实性，以及融合式养老模式融入老年人养老生活的关键条件和原则。

5.3　混合养老模式的发展策略

为了更好地实施混合养老模式，需要采取以下发展策略。

（1）优化政策支持：政府应制定和完善相关政策，为混合养老模式提供政策支持和环境优化。

（2）服务对象需求响应：深入了解老年人的需求，提供符合其期望的服务。

（3）主体类型和角色定义：明确不同参与主体的类型和角色，促进各主体间的有效合作。

（4）实践方法创新：创新服务实践方法，提高服务质量和效率。

（5）运营模式多元化：探索多元化的运营模式，满足不同老年人群体的需求。

（6）智能服务应用：利用智能化技术，提升养老服务的便捷性和响应速度。

综上所述，混合养老模式作为一种综合性养老服务体系，能够为老年人提供更加全面和个性化的服务，满足其多样化的需求，提高生活质量。通过不断的政策创新和实践探索，混合养老模式有望在未来的养老服务中发挥更大的作用。

6. 国外养老模式示例

不同国家和地区的养老模式各有特点，受到文化、经济、社会政策等多方面因素的影响。

6.1　北欧国家的养老模式

北欧国家的养老模式以"福利型"著称，强调全民福利和国家对养老的广泛支持。这种模式的核心理念是通过高税收、高福利的政策确保所有公民的基本生活保障。

6.1.1　瑞典

瑞典实行的是普惠型福利制度，所有居民都能享受国家提供的养老金、医疗和长期护理服务。瑞典的养老金体系包括公共养老金和私人养老金两部分。公共养老金由国家提供，涵盖所有公民，并根据工龄和收入水平计算养老金数额。私营部门则提供补充养老金，进一步增强退休后的经济保障。瑞典的"老人之家"提供包括医疗、康复和日常生活支持在内的全面服务。瑞典的养老机构通常配有高素质的护理人员，并且其建筑设计注重老年人的生活便利性和舒适度。

6.1.2　丹麦

丹麦通过"高税收-高福利"的分配模式，构建多层级的养老体系。丹麦的养老体系包括基本养老金、附加养老金以及长期护理服务。基本养老金由国家提供，所有符合条件的居民都能获得；附加养老金则根据个人工作历史和收入水平确定。丹麦的"生活支持服务"包括日间照料、居家护理以及临终关怀服务。丹麦的养老服务注重个性化，提供符合每位老年人需求的照护方案，既实现全民普惠福利，又能精准扶持低收入群体。

6.1.3　挪威

挪威的养老制度以综合性的福利保障为特点，包括高水平的公共养老金、全面的健康照护和支持性服务。挪威政府通过税收筹集养老资金，并提供免费或低费用的医疗服务。挪威的养老院通常设有多种功能区，如康复中心、社交活动室等，以满足老年人不同的生活需求。养老院内的医疗服务由专业的医护人员提供，确保老年人能够获得及时的医疗救助。

6.1.4　荷兰

荷兰的生命公寓，以其乐老哲学闻名。创始人汉斯·贝克被誉为银发产业教父。公寓倡导"是"（Yes）文化，鼓励老年人积极互动，保持生活掌控力。反对过度护理，倡导最低质量看护与自力更生，培训老人自主操作，保持独立与自尊。核心理念为"不直接照顾，但协助自理"，成为其独特的文化标志。荷兰阿姆斯特丹的"老年痴呆村"Hogeweijk，由弗朗克·冯迪伦设计，模拟真实村落，配备广场、剧院等设施，但24小时监控保障安全。护理人员扮演各种角色融入生活，营造温馨家庭氛围。村内房屋多样，家具复古，重现老人记忆中的家。此模式摒弃传统消极养护，鼓励老人自主生活，激活其内在力量，享受积极健康的生活方式。

6.2　日本的养老模式

日本的养老模式以机构养老和家庭护理的结合为特点。随着人口老龄化的加剧，日本政府采取了多种措施来应对养老问题，包括强化社区服务和改善养老机构服务。

6.2.1　机构养老

日本的养老机构种类繁多，包括老人之家、护理中心、疗养院等。这些机构提供全天候的照护服务，包括生活照料、医疗护理和康复支持。日本政府对养老机构进行严格的监管，以确保服务质量和老年人的权益。日本的"养老综合服务中心"提供了包括生活照料、医疗护理和社交活动在内的多元化服务。许多机构采用了现代化的设施和技术，以提高服务效率和老年人的生活质量。

6.2.2　家庭护理

家庭护理在日本养老体系中扮演了重要角色。许多家庭选择聘请专业的家庭护理人员，以便在家中照顾老年人。家庭护理服务包括日常生活照料、健康监测和心理支持等。日本的"居家护理服务公司"在家庭环境中提供护理服务，通过定期的健康评估和个性化的照护计划，满足老年人的不同需求。

6.2.3　社区养老

SunCity 银座太阳城是日本 SunCity 公司旗下的一个高端养老地产项目，项目配备了丰富的活动配套设施，如图书馆、大会堂、咖啡厅、泳池、公共浴池、顶层酒吧等。这些设施的整体装修风格类似五星级酒店，部分公区空间采用挑空设计，营造高端大气的会所空间。银座太阳城提供一站式养老服务，包括日常健康管理、医疗救治、餐饮服务等。项目内设置提供日常健康管理诊察的就诊室，并与专门给日本皇室就医的圣路加国际医院合作，为入住长者提供每年一次的体检及医疗救治服务。项目采用高比例的服务人员配置，确保每位入住长者都能得到及时、专业的照护服务。银座太阳城主要面向高端养老客群，多为有国外生活背景的长者，费用基本由长者自行承担。

6.3　美国的养老模式

美国的养老模式以市场化为特点，指通过市场机制提供养老服务，包括私人养老保险、退休账户和市场驱动的养老机构。市场化强调个人责任和市场机制在养老服务中的作用。美国政府提供了一些公共支持，如社会保障体系和医疗保险，但这些支持通常不能完全满足老年人的需求。美国的养老体系主要依赖私人保险和个人储蓄，政府提供的公共支持相对有限。

6.3.1 太阳城模式

太阳城模式是由地产商 DelWebb 公司开创的，以其项目名称命名。20 世纪 60 年代，在亚利桑那州凤凰城建立了第一个太阳城项目，引领了美国养老社区的建设发展。太阳城模式的服务群体指向年龄在 55～70 岁的活跃健康老人，提供尊贵特别定制的会所和户外运动设施，如高尔夫球场、娱乐中心以及教育培训等。然而，由于社区内主要是健康长者，因此缺乏医疗和护理服务，需依赖周边城镇的市政设施、常识性的配套商业中心为社区居民提供便利。太阳城模式本质上是属于住宅开发性质的项目，依靠销售回款盈利。项目通常选址于郊区，占地面积大，建筑形态多为单层、独栋或双拼。考虑到老年人收入水平，项目的房价往往相对便宜，老年人的购买意愿较强。

6.3.2 CCRC 模式

"连续照护退休社区"（CCRC）模式是主流养老房地产模式之一，由运营商主导，主打精细化管理服务。这一模式已有一百多年历史，经过长期发展，CCRC 进一步发展成为一种复合型养老社区。

CCRC 模式主张在复合型社区中满足长者在不同生理年龄阶段的健康管理、护理和医疗需求，使长者不必搬迁即可在社区中度过人生的三分之一时光，提高客户黏性。目前，全美共有近 2 000 处 CCRC，其中约 82% 为非营利性组织所有，有相当一部分是从传统养老院转型而来的。CCRC 项目通常位于郊区，以多层为主，布局紧凑，密度相对太阳城更高。

第 6 章

养老社区

导读

　　七年前，87岁的 Hedi Argent 在思考自己的养老问题时，加入了"老年女性共住组织"（OWCH）。随后，她与其他一些女性一起，创建了全英国第一个老年女性共居社区——"新园地"（New Ground）。

　　新园地是一栋浅色砖砌的三层联排别墅，共有26名年龄在58～94岁的老年女性住在其中。她们共同管理着这个社区，实现了独立与合作、松散与亲近的平衡。

　　新园地的成员背景多样，包括未婚、离异、丧偶以及有子女的女性。她们共同居住在别墅中，共享生活空间，同时保持各自的私人空间。这种模式不仅满足了老年人对于社交和情感支持的需求，而且尊重了她们的个人隐私和独立性。

　　自2016年"新园地"创立伊始，这26位女性成员便共同执掌治理这个充满温情与友爱的理想国。她们在独立自主与协作互助之间寻求平衡，维系着一种若即若离却又亲密无间的生活形态，构建出独具特色的集体生存范式。

　　新园地的运作遵循"互相关照，但不互相护理"的原则。成员们在入住前已就可能出现的健康问题制定预案。短期健康问题由社区成员互相照顾，提供送餐服务等；而长期失能则由住户、家人和政府共同承担，聘请专业看护。这种预先规划减少了成员间的担忧，增强了社区的和谐。

　　新园地的建立不仅为成员提供了一个理想的居住环境，而且对周边社区产生了积极影响。社区成员积极参与社区活动，促进了社区的可持续发展。此外，这种模式有望减少老年人对健康和社会护理的需求，从而减轻社会负担。

　　新园地犹如一片绿洲，在快节奏的现代社会中，为 Hedi Argent 和她的朋友们找到了理想的养老家园。

　　养老社区作为一种新兴的养老模式，不仅能够满足老年人的居住需求，还能够提高他们的生活质量，减少对外部护理资源的依赖，具有重要的社会效益和经济意义。随着社会对老年人口的关注增加，养老社区有望成为未来养老模式的重要组成部分。

1. 养老社区概述

养老社区作为一种应对全球老龄化挑战的居住模式，其核心在于为老年人提供一个综合性的支持环境，旨在满足其身体健康和心理福祉的多重需求。养老社区不仅提供物理住所，更通过一系列配套的公共服务设施和服务体系，为老年人的日常生活照料、健康管理、休闲娱乐等需求提供全面支持。

1.1　养老社区的基本概念

养老社区是指专为老年人设计的居住环境，其设计和服务体系均以满足老年人的生理和心理需求为导向。这些社区通常包含日常看护、生活照料、康复治疗、健康管理和休闲娱乐等多种服务功能，以创造一个安全、舒适且充满关怀的生活环境。在建筑设计上，养老社区特别强调适老化设计，如无障碍设计和易于操作的设施，以满足老年人的特殊需求。

1.2　全球养老社区的发展历程

全球养老社区的发展具有显著的地域差异。不同国家和地区根据其文化、经济和社会结构的发展需求，形成了各具特色的养老社区模式。

在 20 世纪 50 年代的美国，Willow Creek Retirement Community 建立了首个"连续照护退休社区"（CCRC）。根据美国老年住房联盟（American Seniors Housing Association）的数据，目前美国约有 2 000 个 CCRC，服务超过 60 万名居民。其中许多隶属于大型养老社区运营商，如 Brookdale 和 Life Care Services。这些社区通常与医疗机构、保险公司等合作，提供综合的养老和健康服务。

欧洲国家如瑞典、德国和英国注重社会化和社区化养老服务，推动了生态养老和绿色社区的发展。

亚洲国家如日本和中国正经历快速的养老社区建设阶段。日本通过护理保险制度促进了养老服务的普及，中国则在城市和农村地区实施了不同类型的养老服务模式。

1.3　养老社区的功能与作用

1.3.1　养老社区的主要功能

养老社区不仅对老年人日常生活活动（如饮食、洗漱、穿衣等）提供帮助，而且对老年人提供健康状况的监控、疾病预防和治疗等多方面的服务。养老社区的功能涵盖了居住、生活照料、医疗服务、社交活动和康复服务等多个方面。

（1）居住功能：提供舒适、安全的居住环境，包括各种住宅单元如独立公寓、套房等。这些单元通常配备无障碍设施和适老化设计。

（2）生活照料：包括帮助老年人完成日常生活活动，如个人卫生、用餐、服药等。对于需要更多帮助的老年人，提供定期的护理和照料。

（3）医疗服务：配备医疗设施和专业护理人员，提供基本的健康管理服务，如健康检查、药物管理、急救等。

（4）社交活动：组织各种社交和娱乐活动，如兴趣小组、文化活动、社区聚会等，以促进老年人的社会交往和心理健康。

（5）康复服务：提供康复治疗和训练，包括物理治疗、职业治疗等，帮助老年人恢复身体功能和提高生活质量。

1.3.2　养老社区对社会的作用

养老社区不仅服务于老年人，还对整个社会产生了积极影响，包括减轻家庭照料负担、提供就业机会、促进社会稳定和推动经济发展。

（1）减轻家庭照料负担：养老社区能够分担家庭成员照料老年人的压力，尤其是对于双职工家庭或远离老年人的家庭。

（2）提供就业机会：养老社区的建设和运营创造了大量的就业机会，包括护理人员、服务人员、管理人员等。

（3）促进社会稳定：通过提供老年人的社会保障和照料，养老社区有助于维护社会的稳定和谐。

（4）推动经济发展：养老社区的发展带动了相关产业的增长，如医疗设备、建筑材料、服务业等。

1.3.3　养老社区对老年人的影响

养老社区对老年人生活质量的提升、安全感的增强、心理健康的促进以及社会参与的增加都有着显著的正面影响。

（1）提升生活质量：生活质量是指个人在生活各方面的幸福感和满意度，包括身体健康、心理状态、社会交往等。通过提供高质量的生活照料、健康管理和社交活动，养老社区能显著提升老年人的生活质量。

（2）增强安全感：专业的护理和医疗服务提供了额外的安全保障，使老年人能够在舒适的环境中生活，减少了生活中的风险。

（3）促进心理健康：养老社区提供的社交活动和社区支持有助于减少孤独感和抑郁症状，提高老年人的心理健康水平。

（4）增加社会参与：养老社区鼓励老年人参与各种活动和管理决策，增强他们的社会参与感和自我价值感。

1.4 养老社区的类型与特点

养老社区的类型包括独立养老社区、护理型养老社区、连续照护退休社区以及其他如专业化、互助、混合型和文化型养老社区。每种类型都有其独特的特点和针对的老年人群体。

1.4.1 独立养老社区

独立养老社区是为那些健康状况良好、日常生活能够自理但希望居住在一个安全、便捷且提供社交、娱乐活动的环境中的老年人而设计的居住区。这类社区通常提供私人公寓或独立房屋，并配备了基本的便利设施，如餐厅、健身中心、图书馆和交通服务，但不包括广泛的医疗或日常护理服务。

1.4.2 护理型养老社区

护理型养老社区主要为那些在日常生活中需要一定程度的协助，如穿衣、洗浴、用餐或药物管理的老年人设计。这类社区既提供独立的生活空间（如公寓或房间），又有专业人员随时为居民提供必要的护理服务。

在护理型养老社区中，医疗资源的有效整合与利用是确保居民健康的重要环节。社区通常与周边医院、诊所、康复中心等建立合作关系，为居民提供全面的医疗服务。

1.4.3 连续照护退休社区

连续照护退休社区（Continuing Care Retirement Center, CCRC）是一种综合性

的养老社区，能够为老年人提供从独立生活到全面护理的多层次服务。这类社区的居民可以在生活需求发生变化时，在同一社区内逐步过渡到适合的护理层级（见图 6-1）。

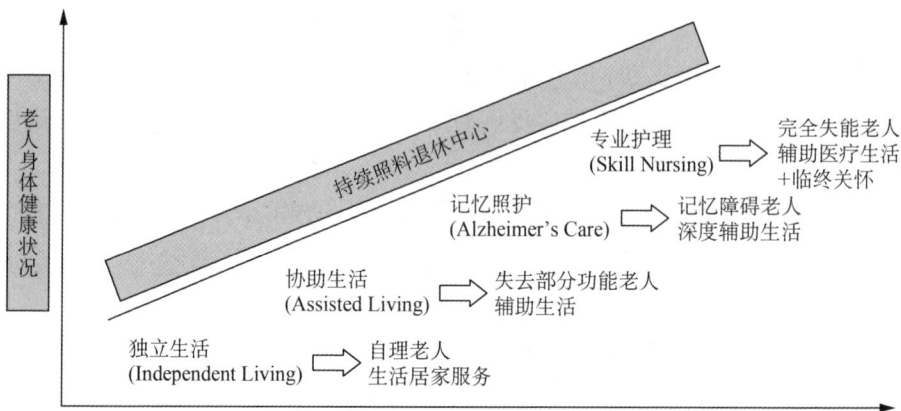

图 6-1　CCRC 社区功能

根据居民的健康状况和生活需求，社区内部可以在几种服务模式之间灵活转换。

1.4.4　其他类型的养老社区

（1）专业化养老社区：针对特定需求的老年人群体。例如，记忆护理社区专为记忆障碍患者设计，提供专业的记忆护理服务。老年康复社区提供康复治疗和服务，帮助老年人恢复健康。

（2）互助养老社区：这种社区的居民通常具有相似的生活理念和价值观，愿意通过相互帮助来实现自我管理和照顾。互助养老社区在北欧国家较为普遍。

（3）混合型养老社区：这些社区通常不仅限于老年人，还包括家庭、年轻人等。混合型社区的目标是通过代际互动和社会多样性，创造一个更加包容和有活力的生活环境。

（4）文化型养老社区：针对特定文化背景或有兴趣的老年人设计，如艺术家村、宗教养老社区等，这些社区通过文化活动、艺术创作等丰富老年人的精神生活。

（5）生态型养老社区：强调环境友好和可持续发展，通常位于自然环境优美的地区，提供健康、环保的生活方式。

1.5　养老社区的参与方

养老社区的建设和运营涉及多个参与方，包括政府部门、企业、非营利组织、社区居民等。

政府机构在养老社区的建设和运营中提供政策支持、财政补贴和法规保障。政府部门如民政部和卫健委负责制定和实施相关政策和法规，提供财政支持，监督养老社区的运营质量。

房地产开发公司和保险公司是国内养老社区最主要的两大类型的参与企业。

社会组织包括慈善机构和老年人协会等组织，通常参与养老社区的建设和运营，提供志愿服务、组织社区活动、进行社区监督等。

社区居民包括养老社区的老年人和他们的家庭成员，他们的需求和反馈对养老社区的服务和管理至关重要。

1.6　养老社区的运营方式

养老社区的运营方式包括自营模式、外包模式和合作模式。

1.6.1　自营模式

养老社区由开发商或运营商自主管理和运营，负责所有的服务和设施维护。开发商或运营商全面控制社区的运营，包括服务标准、员工管理等，能够根据市场需求和居民反馈及时调整服务内容和标准。

1.6.2　外包模式

养老社区的部分或全部服务由外部公司提供，如医疗护理、清洁服务等。外包公司提供专业化的服务，如医疗护理公司提供专业的护理服务。通过外包可以降低运营成本，提高服务质量。

1.6.3　合作模式

养老社区通过与其他机构或企业合作，共同提供服务和管理。例如，与医院、保险公司等合作。通过合作可以整合资源，如医疗资源、保险服务等。同时合作伙伴共同承担运营风险，提高运营稳定性。

1.7 养老社区的盈利模式

养老社区的盈利模式多样，包括销售模式、销售+持有模式、租赁模式和租售结合模式。这些模式通过不同的资金回笼和收益方式，为养老社区的可持续发展提供支持（见表6-1）。

表 6-1　我国养老社区的盈利模式

模式	具体方式	代表案例
销售	出售养老概念住宅产权或使用权	绿地 21 孝贤坊
销售+持有服务	出售住宅部分产权或使用权 持有物业或护理中心获得长期收益	上海天地健康城
租赁	以押金快速回笼资金 结合月租费、护理费等获得长期收益	泰康之家
租售结合	部分物业以销售或销售+持有模式实现短期资金回笼 部分物业以租赁模式运营，维持长期稳定现金流	万科随园嘉树

资料来源：平安证券研究所。

销售模式本质上与传统房地产一致，通过自建或合作共建养老社区住宅并出售来快速回笼资金，区别在于住宅设计或选址方面更具有适老化的考虑。

销售+持有模式的基础销售部分也为房屋住宅，但持有部分包括物业管理或嵌入式社区护理中心等，为客户提供进一步的护理等生活辅助服务，获得稳定现金流收益。

租赁模式多为押金+月费+服务费等组合收费形式，或以销售会籍的形式，采用入会费/会员卡+月费+服务费的收费方式，以门槛押金或入会费快速回笼资金，同时结合月租费以及护理服务费等获得长期稳定收益。

租售结合模式中，部分物业以销售或销售+持有模式实现短期资金回笼，部分物业以租赁模式运营，维持长期稳定现金流。

2. 养老地产

房地产开发公司参与养老地产以重资产为主、轻资产为辅。重资产运营模式主要通过自建社区，采用"养老住宅+一般住宅+配套+服务"的综合开发模式，主要通过"销售+持有"以及"租赁"来盈利。

2.1　万科：养老模式的新探索

万科自 2009 年起涉足养老行业，初期探索主要集中在两种运营模式上：重资产自建社区和轻资产提供养老服务。同时，万科采用租赁和租售结合的盈利模式，以适应不同市场需求和客户偏好。至今，万科在养老业务中已形成了以"老人基数高、人均可支配收入高、医疗水平高"的"三高"城市为重点的布局，涵盖了连续照护社区、城市全托中心以及社区嵌入中心三大养老机构模式。

2.1.1　万科随园：全生命周期照护

万科随园系列定位于高端养老社区，采用了类似于美国连续照护退休社区（CCRC）的模式。万科随园不仅注重老年人的生活需求，还将医疗照护服务融入社区内外的综合服务中。万科随园在北京、杭州、宁波等地已布局了 10 个医养项目，覆盖了广泛的地理区域和人群。主要特点如下。

（1）全生命周期照护：提供从独立生活到全方位护理的全生命周期照护服务，满足老年人不同阶段的需求。

（2）医养结合：通过社区内部的医疗配套设施和外部医院的绿色通道，提供高效便捷的医疗服务。

（3）收费模式：主要采用销售和租赁两种模式，满足不同客户的需求。

2.1.2　万科怡园：高端医养结合公寓

万科怡园系列位于城市核心区域，主要面向高龄、有护理需求的老人。通过结合城市周边的优质医疗资源，提供高水平的生活服务和护理支持。万科怡园已在北京、青岛、天津等城市布局，特别适合半自理和失能失智的老人。主要特点如下。

（1）医养结合：综合了周边的医疗资源，提供全方位的护理和生活服务。

（2）"幸福银行"制度：鼓励老人通过参与康复运动、社交活动等方式获得奖励金，用于购买日常用品或饮品甜品。

（3）收费模式：采用押金加月服务费的方式，满足不同经济能力的客户需求。

2.1.3　万科智汇坊：社区嵌入式养老

万科智汇坊采用社区嵌入式养老模式，依托社区内的空置房源，引进专业化的养老服务机构，为社区及周边老人提供专业、精细化的养老服务。智汇坊项目已在上海、杭州、广州等一线和二线城市展开，通过改造小区内部公共设施如销售中心、会所等，快速定位目标客户，并实现了精确的市场定位和高效的服务提供。主要特点如下。

（1）社区嵌入：在不脱离老人熟悉的社会环境的前提下，利用社区空置房源提供养老服务。

（2）日间托付与短期托付：服务模式包括日间托付和短期托付，满足老年人不同的需求。

（3）收费模式：采用押金加月服务费的方式。

2.2 保利：三位一体中国式养老

保利地产通过探索和实施多种养老模式，包括将养老社区与传统住宅结合、整合服务体系及优化运营管理，建立了一个综合性、系统化的养老模式。其成功的关键在于通过科学化的管理和创新的服务模式，满足了不同层次老年人的需求，并在市场上取得了显著的成功。以"医养结合"为核心理念，保利地产的养老业务经过不断完善和实践，逐渐形成了以居家养老、社区养老和机构养老"三位一体"为特色的中国式养老模式。

保利地产还创立了"责任制整体照护"模式。该模式下，每名责任照护者负责一定数量的老人，提供全面、全程、连续的照护服务。责任照护者需在岗 8 小时，并 24 小时对老人的照护负责，确保提供全方位的专业照顾。这种模式不仅提升了服务的专业性和连续性，还增强了老年人对养老服务的满意度。

保利在其养老项目中整合了医疗、护理、生活服务等多个方面，通过"保利一体化服务"模式，为老年人提供了无缝衔接的服务体验，获得了积极的市场反馈。

保利在养老社区的运营管理中，强调科学化和系统化的管理模式。保利的养老社区采用了"保利标准化运营"模式，通过系统化的管理提升服务效率和居民满意度，确保服务的高标准和高质量。

2.3 远洋：创新 CLRC 长者社区

2013 年 8 月，中美合作的首家示范养老机构——椿萱茂（北京亦庄）老年公寓正式开业。该项目由远洋与哥伦比亚太平洋管理有限公司合作开发和经营，双方各占一半股份。作为中美合作的首家示范养老机构，椿萱茂不仅标志着远洋地产在养老领域的战略布局，也揭示了其对养老服务创新的独特追求。

椿萱茂作为远洋地产主打的养老品牌，采用重资产模式进行合作开发，主要通过租赁方式盈利。目前，椿萱茂已经在北京等地开设了多个养老社区。项目的设计和服务紧密结合了 CLRC 模式的理念，专注于为老年人提供优美的居住环境、专业的服务和适老化设施，重塑健康活力、社交参与和持续学习的生活体验。

椿萱茂项目的收费主要为月租费，灵活的收费方式能够适应不同老年人的经济能力和需求，同时保证社区的运营和服务质量。

远洋地产通过创新的 CLRC 长者社区模式，为养老行业带来了新的思路和实践经验。CLRC 长者社区是借鉴美国 CCRC 持续护理型社区模式并结合中国养老理念的新模式，是以活力长者生活服务为主的持续生活退休社区。在 CCRC 的基础上，远洋将"Care"替换为"Life"，即从关注照护的领域转向更加关注老人的生活。远洋 CLRC 主要提供优美的居住环境、专业的居住服务和适老设施，重在重塑健康活力、社交参与和持续学习的生活体验。

该模式不仅继承了美国 CCRC（持续护理退休社区）的优点，还结合了中国市场的实际需求，提供了一种全新的养老服务解决方案。CLRC 长者社区在其运营中创新性地引入了智能健康监测系统，实时跟踪居民的健康状态，并根据需要调整服务。这一举措不仅提升了服务的及时性和精准性，还增强了居民的安全感和满意度。

2.4　绿城：学院式养老

绿城在养老社区领域的探索起源于余杭的"颐养公寓"，发源于乌镇雅园养老社区。绿城独创"学院式养老"——用学校的组织形式构建全新养老模式，园区装修参考借鉴多所大学建筑；同时还在社区中设置"颐乐学院"，组建学院式养老运营平台（绿城颐乐教育公司），负责在十几个城市的绿城社区里开设的数十所颐乐学院的运营管理，为长者提供医疗讲座、普及中医养生知识，促进长者加强身体管理，预防、延缓老年疾病，并设有专业的健康管理师和系统的健康档案保障长者的健康生活。

学院式养老是一种以学术和教育为核心的养老模式。绿城"学院式养老"通过设立老年大学、举办文化讲座和艺术展览，提供丰富的教育和文化活动，满足老年人对知识和文化的需求。

以余杭的颐养公寓为例，收费模式主要是"床位费＋基础服务费＋餐费＋等级护理费"。

3. 保险养老社区

中国保险公司布局养老社区，一般是集"投资、开发建设、运营"三个角色为一体。养老社区的运营主要分为自建和引入国外经验两种。

3.1 保险养老社区的内在逻辑

保险资金投资养老地产具备独特优势，能有效联结借款端和投资端。养老社区投资与保险资金久期对应，虽然盈利周期较长，但有利于保险产品销售与医疗健康资源的整合。

3.1.1 负债端视角

从负债端来看，前端促销售，后端服务替代现金补偿。

（1）保险业与养老健康产业天然高度契合，险资投资养老地产能打通健康养老上下游服务产业链。保险业和养老健康产业天然高度契合，都是为人的生命、健康、安全提供保障，保险产品作为支付端，养老健康产业作为服务端与保险对接，即"保险＋养老社区"可以实现由养老服务替代现金补偿。险资投资养老地产能有效延长产业链，建立健康和养老产业各个环节与保险保障之间连接和增效机制，实现全生命周期覆盖。养老社区向上衔接养老险、长护险、医疗险等保险产品，同时带动下游的老年医疗、护理服务、慢病管理、智能养老等健康产业，保险公司可整合相关产业以增加盈利渠道。

（2）以增值权益，促进保单销售。通过养老社区，保险公司可以促进保单销售。目前投资养老地产的各家保险公司均推出了"消费者购买指定种类及金额的保险产品即可取得养老社区入住资格"的挂钩模式，来促进保单销售。

（3）未来养老健康数据的积累，有助于产品精细化定价。随着保险与医养融合深入，保险产品设计受到深远影响。原先保险产品的费率与条款设定，主要参考某些疾病患病概率与医疗平均费用等因素，但随着医养战略的落地，保险公司开始研究如何用最小费用（包括康复、慢性病干预健康管理、急病专业救治等投入）获得投保人最大限度的健康，逐步降低理赔支出。同时，保险公司通过投资养老产业和介入养老社区、健康管理服务、医疗服务等，可获得大量的客户健康数据，进一步优化保险产品费率与条款，持续提高业务竞争力。

3.1.2　资产端视角

从资产端来看，险资投资的稳定性要求与养老产业所需的长周期相匹配。

（1）保险资金长久期与养老产业长周期投资相匹配。养老社区重资产的投资模式投资规模大、回报期长，保险公司的优势在于资金体量大，能够满足养老社区开发的初期较大的拿地、开发支出。且保险资金负债久期长，与养老机构的回报期相匹配。

（2）养老地产投资长期获取稳定收益，有助于险资穿越经济下行周期。养老社区的投资回收期一般较长，美国养老房产运作较为成熟，十年年均年化投资收益率较高。但目前中国保险公司所运营的养老社区运营体系还不成熟，在中期运营服务溢价较难获取。

3.2　保险养老社区的相对优势

保险公司投资养老社区的核心优势是依托保单盈利，从而支持对养老社区的高品质投入。另外，保险资金投资养老地产后自持这些地产项目，未来的投资收益率与后期运营服务质量挂钩，运营服务质量决定了入住率，因此有更强的动力保持高品质的运营服务量。

3.3　保险养老社区的盈利模式

养老社区的建设成本包括土地购买、开发以及后期运营三大部分，特别是初期的土地与开发成本较高，后期运营中的护理员工薪资和物业管理费用则占据了较大比重。仅仅依靠社区租金、服务费和一次性押金的投资收益难以在短期内收回初期投资。

目前，保险企业投资养老社区的中期目标是实现运营盈利。运营盈利是指企业营业收入减去营业成本、营业税和销售费用以及管理费用后，剩余的盈利部分。它是衡量企业盈利状况的指标。它能反映企业是否能在未来持续盈利，以及企业盈利能力和效率是否良好。

保险公司希望可以通过养老社区促进保单销售，保单对应的利差收入非常可观，叠加养老社区的运营盈利，整体可以弥补养老社区的投资支出。且依托保单销售盈利，可以保证对养老社区的高质量投入。

3.4 险企开展"保险＋养老社区业务"的条件

2023 年 1 月 4 日，中国银行保险监督管理委员会发布了《关于规范保险公司销售保险产品对接养老社区服务业务有关事项的通知（征求意见稿）》（以下简称《通知》），向业内征求对规范保险公司销售保险产品对接养老社区服务业务（以下简称"保险＋养老社区业务"）的意见。《通知》要求，险企开展"保险＋养老社区业务"，应当符合下列条件。

第一，净资产不低于人民币 50 亿元；

第二，连续四个季度综合偿付充足率不低于 120%；

第三，连续四个季度风险综合评级 B 类及以上；

第四，公司治理评估结果 C 级及以上；

第五，资产负债管理能力不低于第 3 档；

第六，在其他各类监管评级或监管评估中未触及采取监管措施的情形；

第七，连续四个季度责任准备金覆盖率 100%；

第八，银保监会规定的其他条件。

3.5 特色保险养老社区介绍

3.5.1 泰康人寿："泰康之家"

（1）运营模式：自建 CCRC 社区，打造全国连锁布局。泰康于 2009 年开始布局养老社区"泰康之家"，是国内最早布局养老社区的保险公司。泰康人寿采用独立开发的重资产模式运营养老社区，同时引入美国 CCRC 养老模式，配备专业康复医院和养老照护专业设备，提供独立生活、协助生活、专业护理、记忆照护四种生活服务区域（见表 6-2）。

表 6-2　泰康的持续照料体系

	居民特点	服务内容	
独立生活	1. 能够自理，可以独立生活或仅需要很少帮助 2. 入住老人健康较好	1. 定期家政服务 2. 社交活动 3. 交通服务 4. 健身设施 5. 应急呼叫系统	生活照护
协助生活	1. 虽然不能完全自理，但是通过有限的帮助可以独立生活 2. 病情稳定，不要求 24 小时护理，但需要生活帮助	1. 定期家政服务 2. 社交活动 3. 交通服务 4. 应急呼叫系统 5. 辅助服务，如洗浴、如厕和穿衣 6. 药物管理	
专业护理	1. 身体非常虚弱，丧失或基本丧失自理能力，需要 24 小时护理 2. 脑损伤或靠呼吸机维持生命	1. 清洁、布置房间 2. 受过训练的医护人员提供的护理服务 3. 家政服务、衣物及床品清洗 4. 医疗计划餐和点心 5. 专业指导的健身活动 6. 药物管理 7. 身体、呼吸及言语治疗 8. 医生服务（付费） 9. 个人护理用品	医疗照护
记忆照护	阿尔兹海默病老人，主要表现为认知功能下降、症状和行为障碍、日常生活能力的逐渐下降	1. 生活照料（包括上述所有服务项目） 2. 行为管理 3. 情绪安抚	

资料来源：泰康之家官网，天风证券研究所。

（2）服务特色："1+N"服务。"泰康之家"采用自营服务的模式，推出"1+N"服务，即 1 名个案管理师和 N 个照护团队，照护团队覆盖护理、康复、医疗、药师、社工、文娱、运动、餐饮等多个方面（见图 6-2）。

（3）医疗优势："一个社区 + 一个医院"医养结合模式。"泰康之家"在各个社区配建二级康复医院，引进国际标准康复体系（TKR），打造"一个社区 + 一个医院"模式。

（4）收费模式：保险 / 入门费 + 乐泰财富卡 + 月费 + 餐费 + 护理费。"泰康之

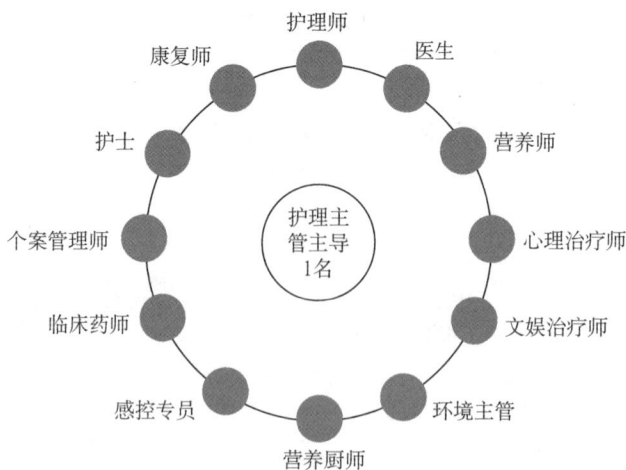

图 6-2 泰康"1+N"照护模式

资料来源：泰康之家官网，天风证券研究所。

家"收费模式主要包括保费 / 入门费、会员费（乐泰财富卡）、月费、餐费和自由选择的护理服务费。非保险客户则需通过缴纳入门费及购买乐泰财富卡获得入住权。保险客户入住资格与泰康人寿旗下的幸福有约保险挂钩，缴纳保费 200 万元以上免收入门费，保证投保人或被保人 80 岁前的入住权；300 万元保证投保人、被保人终身入住权及优先选房权；500 万元可获投保人、被保人、投保人父母、投保人配偶父母中任意两人终身入住权及优先选房权。

3.5.2 中国人寿："国寿嘉园"

（1）运营模式：自建差异化 CCRC 社区，引入海外成熟运营体系。中国人寿于 2016 年发布高端健康养老品牌"国寿嘉园"，采用合作开发的重资产模式入局。2017 年以来，国寿初步完成三点一线首期布局，即聚焦北京、天津、苏州、深圳、三亚等城市，为老年人提供夏住苏州、秋住京津、冬住三亚的候鸟度假式养老养生生活方式（见表 6-3）。

表 6-3 国寿嘉园差异化定位

名称	地区特点	社区规模	社区定位	运营机构
乐境	位于天津空港，实现主城区半小时、京冀一小时交通圈	占地面积 7.4 万平方米，总建筑面积约 13.3 万平方米，可同时容纳 1 000 余名长者生活	医养结合型养老项目	与日本养老行业领先品牌木下介护合作

（续表）

名称	地区特点	社区规模	社区定位	运营机构
雅境	位于苏州阳澄湖半岛，交通动线丰富	一期占地约242亩，总建筑面积约14万平方米，536套养老养生公寓，198间康养公寓，配套65间精品酒店客房，可为1 500位全龄段长者提供高品质养老服务	复合型养老综合社区	与美国 Merrill Gardens（魅力花园）合作运营
逸境	位于三亚海棠湾，依山傍海，靠近机场、高铁站	社区占地面积178.5亩，建筑面积约11万平方米，容积率0.6，绿地率46%	康养度假基地	与美国 Merrill Gardens（魅力花园）合作运营
韵境	位于北京大兴，依托温泉养生酒店	社区建筑面积2.1万平方米，300套客房，提供高品质养老服务	温泉酒店为特色的大型养老养生综合体	与美国 Merrill Gardens（魅力花园）合作运营

资料来源：中国人寿官网，天风证券研究所。

（2）服务特色：配套完善、打造九大服务体系。国寿嘉园选址于城市郊区、旅游胜地等优美自然环境中，通过搭建平台、整合资源、实施建立等多元化模式，围绕长者"医、食、住、行、文、娱、思、享、健"九大需求，建立专业服务体系及标准，最大化满足长者物质与精神层面的需求。

（3）医疗优势：内部设立医务室和养护中心，外部与国内外优质医疗资源合作。

（4）收费模式：保费＋押金＋会员费（嘉园卡）＋月费＋餐费＋护理费。

目前，国寿嘉园的入住资格必须挂钩国寿指定保险产品，总保费不低于200万元人民币，可获投保人或投保人指定的一名自然人的保证入住权（限制行权时间为社区开业前5年）及终身优先入住权。

3.5.3　中国太保："太保家园"

（1）运营模式：自建三大社区，引入欧葆庭合作运营。2018年7月，中国太保发布中长期养老产业发展规划，采用合作开发的重资产模式入局，推出高端养老社区"太保家园"，包括乐养、颐养、康养社区（见图6-3）。

太保与前面提到的欧洲最大的养老康复集团——法国欧葆庭集团以合资公司的形式合作运营养老社区，其养老服务体系如表6-4所示。

图6-3 太保家园三大产品线

资料来源:中国太保官网,天风证券研究所。

表6-4 太保家园养老服务体系

服务内容	概述
安居	(1)以全方位适老、灵活可变的居住空间为基础,提供星级酒店、国际标准的房务管理服务; (2)以管家为触点的多专业生活团队,提供一站式生活协助,全天候悉心安排长者生活; (3)设立居民理事会,实行首问负责制、首席服务官等制度,以建立有效沟通、良性互动的社区文化
餐饮	(1)近4 000种专为客户营养设计菜品库,每周380+菜品不重样; (2)自建专属有机菜蔬农场、营养师精心搭配、套餐+零点选餐模式,让营养、安全与个性化完美平衡
文娱	(1)老有所乐:社区组织音乐会、国学、茶道、麻将、棋牌、歌舞、太极、游泳等活动和课程,长者可自发组建社团; (2)老有所学:将开设"太学",引入专业线上和线下精品课程,满足长者兴趣的培养和深造,并鼓励长者走近名校、名师,获取学历学位,挖掘人生第二潜能
健康	将依托内设医疗机构、健康管理中心、康复护理机构、本地三甲绿通、太医管家、广慈太保互联网医院等丰富的健康医疗资源,打造院内+院外、线上+线下的"医、护、康、健"服务闭环
智能	与华为、腾讯、商汤、小米、松下等头部企业战略合作,丰富智能化应用场景,引进先进设施

资料来源:太保家园公众号,平安证券研究所。

（2）服务特色：从"打造居住空间"迈向"提升服务品质"。2021年9月，太保发布养老服务体系，涵盖长者入住后生活服务、医疗保健、文娱社交等基础服务，从"打造居住产品空间"的1.0时代迈向"提升为老服务品质"的2.0时代。

（3）医疗优势：具备互联网医疗优势。

（4）收费模式：保费＋小额入门费＋家园卡＋月费＋餐费＋护理费。太保家园的入住资格与购买旗下年金险产品挂钩，客户购买保险累计保费200万元可获得投保人、被保人或直系亲属的2个终身保证入住权、1个优先入住权。

3.5.4　新华保险："新华家园"

（1）运营模式：自建养老社区，"尊享＋颐享＋乐享"三线布局。新华保险自2012年开始布局养老社区品牌"新华家园"，采用自主开发的重资产运营模式，自主投资、建设、运营。新华家园进行尊享、颐享以及乐享三线布局，涵盖康复护理、持续照料、养老养生三大产品线。

尊享社区主要定位医养结合的高端介护型养老社区，地处北京核心地段，周边配套资源丰富，主要针对失能、半失能、失智及高龄可自理的长者，提供医疗、康复、护理、养老等多方面的深度生活照护服务。

颐享社区则借鉴CCRC持续护理型社区模式，选址在北京周边，具有良好的交通条件，服务内容包括从活力养老到生活照护、到医养护理的持续照料退休社区。

乐享社区选址在自然环境、气候条件良好的海南博鳌，定位旅居度假、休闲康养的大型社区。

（2）服务特色：三大社区差异化服务。尊享公寓定位城市核心区照护医养社区，打造专业护理团队。颐享社区围绕活力养老、健康养老相结合的定位，提供涵盖管家服务、餐饮服务、学院服务、健康管理、旅居服务5大版块服务。乐享社区主要针对活力长者，提供生活帮助、医疗咨询、健康管理、精神娱乐服务。

（3）医疗优势体现在提供"自有医务室＋周边社区医院＋新华康养医院＋周边三甲医院"的多层次医疗服务（见图6-4）。

（4）收费模式采用"保费＋押金＋月费＋基础护理费＋餐饮费"的组合。

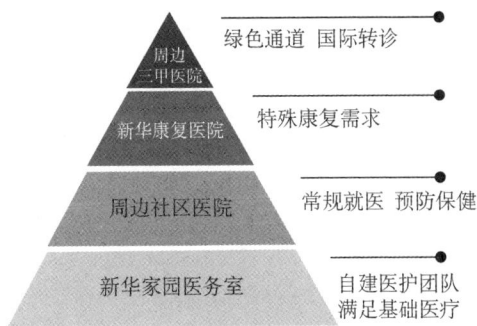

图 6-4　新华家园多层次医疗服务
资料来源：ITH康养家，平安证券研究所。

新华家园入住资格挂钩新华保险指定保险产品（不含万能险），投保人累计保费达200万元以上，可获得入住资格函，签署资格函的投保人及投保人的法定配偶、父母和法定配偶的父母具有优先入住权。

3.5.5　中国平安："平安颐年城"

（1）运营模式：重资产建设聚焦一线、二线城市的CCRC社区。中国平安于2012年启动首个养生养老项目——桐乡平安养生养老综合服务社区。该社区定位于集生活、疗养、田园、休闲为一体的全龄化全配套养生养老场所。2021年5月，平安推出高端康养产品系列"颐年城"，采用重资产模式，致力于在全国范围内打造一线、二线城市中心区域的CCRC综合康养社区（见表6-5）。

表6-5　平安臻颐年产品特色

特点	概述
核心区位	布局北、上、广、深等核心城市核心区位，环抱多元生活圈
1%稀缺顶级医疗资源	（1）专医：专业医生，三甲医院主任医师级别以上，24小时线上全天候服务 （2）专科：全国各区域排名前10专科，线下1天内，线上最快1小时完成预约 （3）专院：提供龙华医院、北大国际医院等专属三甲医院及多个康复医院医疗资源 （4）专案：全球排名前10机构，制定整合式专业医疗方案
100%定制健康服务	（1）康养服务完美贴合日程：私人秘书对接，精准规划时间； （2）全面定制健康管理计划：超100项健康指标全面评估，高发疾病早干预、早发现、早治疗
终生管家	配备1×N专属管家团，1位专属管家周到服务，N位行业专家提供支持
卓越照护	引进日式照护标准，超1000项标准服务动作
10大生活场景的全维服务	从"医食住行财康养乐护安"10大场景出发，即就医问诊、日常餐饮、居住疗养、旅游出行、财富传承、健康管理、静心颐养、社交娱乐、健康护理、安宁服务，将个性化服务全面定制升级
全周期康养居所	契合不同阶段长者的需求，活力公寓空间功能多元，护理单元增强适老设计
智能化服务	（1）配备智能监测系统，7×24小时数据追踪 （2）AI机器人管家辅助日常护理、医疗服务、缤纷活动 （3）健康医疗技术先进、一流康复设备齐全

资料来源：平安臻颐年公众号，平安证券研究所。

（2）服务特色：打造全方位高端服务。在硬件设施方面，平安臻颐年社区选址于深圳、北京等核心城市的核心区域；在服务方面，平安臻颐年配备了 1×N 专属管家团队，提供自理、半自理、专业照护、安宁疗护一站式全周期服务，并为尊贵的客户提供高阶服务。

（3）医疗优势：链接高水平医疗资源。在康复环节，引进了美国的国际康复医疗团队；在照护环节，平安臻颐年与日本养老服务公司合作提供全周期照护服务；在医疗环节，平安臻颐年实现了与国内优质医疗资源的无缝对接。

（4）收费模式：保费门槛高于同业。平安臻颐年客户通过康养社区入住权益和保单相结合的方式，投保平安臻颐年体系产品即可享受入住权。平安臻颐年保费门槛较同业相对较高，目前其对接康养社区的保单共分为 3 档——V1（1 000 万元）、V2（2 000 万元）、V3（3 000 万元）。

3.5.6　合众人寿："合众优年"

（1）运营模式："自建＋合作"，轻资产与重资产结合。合众人寿是国内最早参与养老社区开发的保险公司之一，2011 年提出"两个千亿"计划，宣布全面进军养老及相关产业、创立合众优年养老社区，采用"自建＋合作"、轻资产与重资产结合模式。

（2）服务特色：除个人、团体长者客户外，探索针对企业客户的运营服务。合众人寿自建社区借鉴 CCRC 社区经验，打造面对不同长者的五大服务，包括为年轻独立生活长者提供管家式服务，为活跃健康长者提供协助照料服务，为失智记忆减退长者提供专业记忆照护服务，为失能长者提供中医康复运动理疗等康复治疗，为长者提供健康管理、慢性病管理、院前急救、三甲医院绿色通道等优质医疗服务。

（3）医疗优势体现在开通了"专业医护团队＋三甲医院"的绿色通道。社区内部特聘专业医护团队。社区外部与三甲医院绿色通道等优质医疗资源对接。

（4）收费模式采用"保费／大额押金＋房费＋餐费＋护理费"的组合。合众优年养老社区采用保险产品结合养老社区的模式，获取社区入住资格的方式有购买保险产品和直接缴费两种。

3.5.7　太平人寿："乐享养老"

（1）运营模式："轻重并举"的发展战略。太平人寿是国内较早布局养老产业的先行者之一，2014 年 7 月以重资产模式自建的养老社区正式推出并命名为"梧桐人家"，对标国际高端 CCRC 养老社区。同时太平集团积极探索轻资产运营模式，通过品牌授权、租赁、合作运营等模式发展养老社区、养老公寓，打造全国养老社区网络。

在运营服务方面，太平人寿与美国知名养老社区运营公司水印公司合作。

（2）服务特色：探索老年旅居及居家服务。2021年12月，太平人寿正式推出养老服务品牌——"乐享养老"，下设"乐享家""乐享游""乐享居"三大养老业务。

乐享家：打造全国养老社区网络；乐享游：提供旅居养老服务；乐享居：探索居家养老模式。

乐享家的基础服务如图6-5所示，包含六大模块。

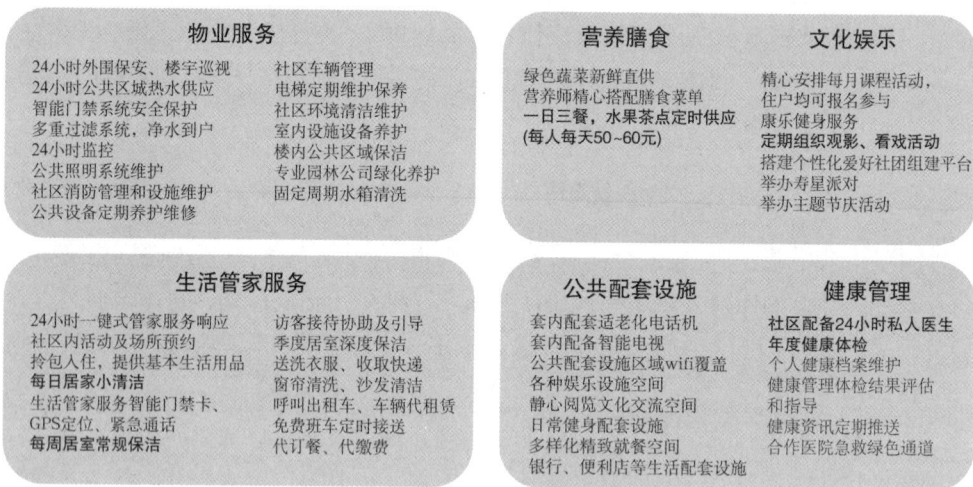

物业服务
24小时外围保安、楼宇巡视　　社区车辆管理
24小时公共区域热水供应　　　电梯定期维护保养
智能门禁系统安全保护　　　　社区环境清洁维护
多重过滤系统，净水到户　　　室内设施设备养护
24小时监控　　　　　　　　　楼内公共区域保洁
公共照明系统维护　　　　　　专业园林公司绿化养护
社区消防管理和设施维护　　　固定周期水箱清洗
公共设备定期养护维修

营养膳食
绿色蔬菜新鲜直供
营养师精心搭配膳食菜单
一日三餐，水果茶点定时供应
（每人每天50~60元）

文化娱乐
精心安排每月课程活动，
住户均可报名参与
康乐健身服务
定期组织观影、看戏活动
搭建个性化爱好社团组建平台
举办寿星派对
举办主题节庆活动

生活管家服务
24小时一键式管家服务响应　　访客接待协助及引导
社区内活动及场所预约　　　　季度居室深度保洁
拎包入住，提供基本生活用品　送洗衣服、收取快递
每日居家小清洁　　　　　　窗帘清洗、沙发清洁
生活管家服务智能门禁卡、　　呼叫出租车、车辆代租赁
GPS定位、紧急通话　　　　　免费班车定时接送
每周居室常规保洁　　　　　代订餐、代缴费

公共配套设施
套内配套适老化电话机
套内配备智能电视
公共配套设施区域wifi覆盖
各种娱乐设施空间
静心阅览文化交流空间
日常健身配套空间
多样化精致就餐空间
银行、便利店等生活配套设施

健康管理
社区配备24小时私人医生
年度健康体检
个人健康档案维护
健康管理体检结果评估
和指导
健康资讯定期推送
合作医院急救绿色通道

图6-5　太平人寿乐享家基础服务
资料来源：童保探险，平安证券研究所。

（3）医疗优势体现在自建二级康复医院，对接周边三甲医院资源。

（4）收费模式采用"保费/会籍费＋押金＋房屋使用费＋服务费＋护理费＋餐费"的组合。太平"乐享家"对接太平养老年金产品，保险客户累计保费200万元可获投保人本人或投保人指定一人的保证入住权和优先入住权（两者限制行权时间为社区开业前3年），非保险客户缴纳200万元会籍费后即可获得入住权资格。

第 7 章

福利制度与养老

导读

许多人为了增加到手的收入，选择按照最低标准参保，但这种做法是否会影响退休后的养老金？按照最低标准缴满15年社保可以领多少养老金？

职工养老保险主要由基础养老金和个人账户养老金组成。

基础养老金=（社平工资＋缴费基数）÷2×缴费年限×1%；

个人账户养老金=总共交的养老保险/计发月数。

通过拆解养老金计算公式，我们可以得出以下结论。

结论一：基础养老金的高低取决于个人的平均缴费指数和缴费年限。

个人平均缴费工资指数、缴费年限与养老金水平紧密相关。如果平均缴费工资指数较高，缴费年限越长，养老金就越高。个人平均缴费工资指数的高低与缴费基数高低、缴费年限长短有关。简言之，缴费基数越高，缴费年限越长，基础养老金就越高。

结论二：个人账户养老金的高低取决于个人账户累计储存额和退休年龄。

根据《国务院关于完善企业职工基本养老保险制度的决定》，以男性职工60岁退休为例，计发月数139个月。同样，生产、服务岗位女性职工50岁退休，计发月数为195个月。管理、技术岗位女性职工55岁退休，计发月数为170个月。个人账户累计储存额越多，退休年龄越大，个人账户养老金就越多。

社保的最低标准是指给付保险费的人需要按照当地政策设定的最低缴费基准缴纳社保费用。这个基准会因为地区和行业的不同有所变化，大多在2 000元至5 000元范围内。例如，在2023年，北京社保的最低缴费基数是5 080元；而上海的最低缴费基数是4 200元。

需要支付多少最低标准的社保费用取决于不同的社保险种，每个险种需要计算不同的金额。养老保险的缴费比例因地区而异，一般在8%～12%。

举个例子：北京的2023年养老保险缴费个人比例为8%。而上海的2023年养老保险个人缴纳比例为10%。因此，如果在北京根据最低要求缴付养老保险，每月需支付5 080元×8%=406.4元；如果在上海根据最低要求缴付养老保险，每月需支付4 200元×10%=420元。

如果在满足同等最低标准的养老保障条件下缴纳了15年，退休后每月能够获得多少养老金呢？这将取决于退休时所在地区和行业等因素，而这些因素也会决定养老金计算结构。

假设北京、上海两地的养老保险最低缴费基数不变，粗略计算如下。

1. 在北京按照最低标准缴纳满 15 年养老保险

假设一男性职工在北京以最低标准交了 15 年的养老保险：退休后每月可以收到的基本退休金为：8 000 元 × 15 年 × 1% = 1 200 元；每月可以获得的个人账户退休金为：（4 876.4 元 × 15 年 + 利息）÷ 139 = 大约 600 元。因此，退休后每月可以得到的总退休金为：1 200 元 + 600 元 = 1 800 元。

2. 在上海按照最低标准缴纳满 15 年养老保险

按照上海最低标准，一男性职工缴纳了 15 年的养老保险，退休后的每月基础养老金为：8 000 元 × 15 年 × 1% = 1 200 元；个人账户养老金每月为：（5 040 元 × 15 年 + 利息）÷ 139 ≈ 650 元。所以，退休之后每月总养老金为：1 200 元 + 650 元 = 1 850 元。

需要注意的是，上述数据仅供参考，因为现实情况是复杂的，肯定会与这个数据有差别。个人工资水平、当地工资水平、缴费年限、退休年龄、缴费档次的不同，都会影响养老金的变动。

1. 福利制度概述

1.1 福利制度的定义

福利制度是指国家或企业为保障公民或员工基本生活需求、提高生活质量而提供的一系列社会和经济保障措施。这些措施广泛覆盖收入保障、医疗保健、住房、教育、养老等多个方面，构成了现代社会保障制度的核心部分。福利制度在保障社会成员基本生活需求、维护社会公平、促进社会和谐等方面发挥着不可替代的作用。其主要形式包括社会保障制度和企业福利制度，其中社会保障制度由政府主导，旨在为全体公民提供基本生活保障；企业福利制度则由企业提供，旨在补充社会福利的不足，提升员工的福利水平和工作满意度。

1.2 福利制度的发展

福利制度的起源可以追溯到 19 世纪末的欧洲。随着工业化进程的加快，工人阶层的生活和工作条件恶化，社会贫困问题凸显，各国政府开始意识到建立系统的社会保障制度的重要性。

德国是世界上第一个建立社会保险制度的国家。1883 年，德国首相俾斯麦推行了强制性的健康保险，随后又相继推出了工伤保险和养老保险，这标志着现代福利制度的开端。

20 世纪中叶，福利国家概念在西方世界广泛传播。1942 年，英国经济学家威廉·贝弗里奇发表了《社会保险和相关服务》报告，提出了覆盖"从摇篮到坟墓"的全面福利体系，这一理念推动了英国乃至全球社会保障制度的改革。英国在第二次世界大战后推出了《社会保险和保障法》，系统地提供社会保险和福利服务。

美国在 1935 年通过了《社会保障法》，标志着现代福利国家的形成。

瑞典实施了全球最全面的福利制度之一，包括高水平的健康保障、教育支持和养老保险。瑞典的福利制度为国家的社会稳定和经济发展提供了有力支持，并在国际上被视为福利国家的典范。

随着社会经济的发展和全球化进程的推进，福利制度不断发展和完善。各国政府在保障基本生活条件的基础上，逐步引入多层次、多支柱的福利体系，提高制度的灵活性和适应性，以应对人口老龄化、经济不确定性等的挑战。

1.3　福利制度的作用

福利制度在现代社会中具有重要的社会经济功能，主要体现在以下几个方面。

1.3.1　保障基本生活需求

福利制度通过提供最低收入、基本医疗和养老保险等基本生活保障，确保每个社会成员能够维持最低生活标准，防止贫困和疾病对个人生活的影响。

1.3.2　促进社会公平与正义

福利制度通过税收和转移支付等再分配机制，重新分配社会财富，减少贫富差距，确保所有人能够享有公平的生活条件和机会，促进社会公平与正义，维护社会稳定。

1.3.3　增强社会凝聚力

福利制度能够减轻社会不平等，缓解社会矛盾，有助于增强社会成员对社会的认同感和归属感，提高社会凝聚力和社会资本。通过对低收入群体的支持，福利制度能够有效减少社会分裂和不满情绪，促进社会和谐与稳定。

1.3.4　促进经济发展

福利制度通过保障居民基本生活，稳定社会预期，激发消费和投资需求，从而促进经济增长。同时，良好的福利制度还能吸引高素质人才，提高劳动力质量和劳动生产率。

2. 社会保障制度

2.1　社会保障制度的定义

社会保障制度是一个国家通过法律法规和财政政策，为保障公民基本生活条件和抵御生活风险而建立的一系列制度安排。该制度的核心在于社会保险，通过强制性的保险制度，提供包括养老、医疗、失业等在内的基本生活保障。

社会保障制度的覆盖范围广泛，除社会保险外，还包括社会救助、社会福利和社会优抚等制度。这些制度共同构成了一个多层次、多支柱的社会保障制度，旨在通过国家的制度性安排，为公民提供全方位的生活保障，维护社会的稳定和发展。

2.2 社会保障制度的发展

社会保障制度的发展经历了从简单到复杂、从零散到系统的演变过程。早期的社会福利主要依赖家庭、教会和慈善组织的帮助，形式多样且缺乏系统性。随着工业革命的到来，传统的社会保障机制逐渐失效，社会问题日益严重，各国政府开始介入社会福利领域，建立系统的社会保障制度。

20 世纪初，欧洲和北美的一些国家先后制定了相关法律，正式确立了国家在社会福利领域的责任。第二次世界大战后，许多国家进一步扩大了社会福利的覆盖范围，形成了以社会保险、社会救助和社会福利服务为核心的现代社会保障制度。

21 世纪以来，随着全球化进程的加快和社会经济环境的变化，社会保障制度面临着新的挑战和机遇。各国政府在维持福利制度基本框架的基础上，逐步引入市场机制和多元化的服务模式，以增强制度的适应性和可持续性。

2.3 社会保障制度的组成部分

社会保障制度由多个部分组成，主要包括社会保险、社会救助、社会福利和社会优抚等。这些组成部分各有侧重，共同构成了一个完整的社会保障制度。

2.3.1 社会保险

社会保险是社会保障制度的核心内容，是国家通过法律规定和政策引导，向社会成员提供的基本生活保障。社会保险主要包括养老保险、医疗保险、失业保险、工伤保险和生育保险等。

（1）养老保险：养老保险是社会保障制度的重要组成部分，旨在保障公民在年老退休后能够获得基本生活保障。

（2）医疗保险：医疗保险是国家为保障公民基本医疗需求而建立的制度，旨在减轻公民因疾病导致的经济负担。

（3）失业保险：失业保险是国家为保障失业人员基本生活需求而建立的制度，

旨在为失业人员提供一定时期的基本生活保障，帮助他们度过失业困境。

（4）工伤保险：工伤保险是国家为保障因工受伤职工的基本权益而建立的制度，旨在为因工受伤或因工死亡的职工及其家属提供经济补偿和医疗保障。

（5）生育保险：生育保险是国家为保障女性职工在生育期间的基本生活和医疗需求而建立的制度，旨在为女性职工提供生育津贴和医疗保障。

2.3.2　社会救助

社会救助是国家为保障社会最弱势群体基本生活需求而提供的经济援助和社会服务。社会救助的主要目标是防止贫困和社会排斥，为所有公民提供最低生活保障。最低生活保障是社会救助的核心内容，旨在为无法通过劳动获取足够收入的家庭或个人提供基本生活保障。最低生活保障的标准通常由各级政府根据当地的生活水平和物价水平制定，并根据经济发展情况进行调整。

2.3.3　社会福利

社会福利是社会保障制度的重要组成部分，旨在通过提供公共服务和经济援助，提高公民的生活质量。社会福利主要包括残疾人福利、老年人福利、儿童福利等。

（1）残疾人福利：残疾人福利是国家为保障残疾人基本生活需求和权益而提供的经济援助和服务，旨在帮助残疾人融入社会，提高生活质量。残疾人福利通常包括现金补助、无障碍设施、特殊教育和就业支持等。

（2）老年人福利：老年人福利是国家为保障老年人基本生活需求和健康权益而提供的经济援助和服务，旨在为老年人提供安全和有尊严的生活条件。老年人福利通常包括养老金、医疗服务、社会服务和社区照护等。

（3）儿童福利：儿童福利是国家为保障儿童基本生活需求和健康成长而提供的经济援助和服务，旨在为儿童提供安全和有保障的成长环境。儿童福利通常包括儿童保育、教育支持、健康服务和家庭支持等。

2.3.4　社会优抚

社会优抚是国家为保障特殊群体的基本权益和福利而提供的经济援助和社会服务，主要包括对烈士家属、军人及其他优抚对象的扶助。

（1）烈士优抚：烈士优抚是国家为纪念和表彰在保卫国家、维护社会稳定过程中牺牲的人员而提供的福利待遇，主要包括经济补偿、生活照顾和社会服务等。

（2）军人优抚：军人优抚是国家为保障退役军人及其家属的基本生活需求和权益而提供的福利待遇，主要包括安置、就业支持、医疗服务和社会福利等。

2.4　社会保障制度的作用

社会保障制度在保障公民基本生活条件、促进社会公平、维护社会稳定等方面具有重要作用，具体表现在以下几个方面。

（1）改善民生：通过提供基本生活保障和社会服务，社会保障制度有效改善了公民的生活条件，特别是对老年人、残疾人、失业者等弱势群体提供了有力支持。

（2）减少贫困和不平等：社会保障制度通过再分配机制，减轻了收入不平等现象，减少了社会贫困，促进了社会和谐和稳定。

（3）增强社会责任：社会保障制度通过国家的制度安排，明确了政府在保障社会成员生活条件方面的责任，有助于增强政府公信力和社会成员对国家的认同感。

（4）推动社会发展：社会保障制度在满足公民基本生活需求的基础上，进一步推动了社会的全面发展，促进了社会的进步和繁荣。

2.5　社会保障制度与养老

社会保障制度通过养老保险，为公民提供了基本的老年生活保障，支持公民进行养老规划。具体来说，社会保障制度在以下几个方面支持养老规划。

（1）提供基本生活保障：养老保险为公民提供了基本的生活保障，确保在退休后能够维持基本的生活水平，避免因收入减少而影响生活质量。

（2）增强退休收入的多样性：通过基本养老保险、企业年金和个人储蓄相结合的多支柱养老模式，社会保障制度为公民提供了多样化的退休收入来源，增强了退休收入的稳定性和安全性。

（3）促进个人储蓄和投资：社会保障制度通过提供基本生活保障，降低了公民在老年生活中的经济不确定性，鼓励个人进行储蓄和投资，提升个人财务管理能力和养老规划水平。

（4）提升养老意识和规划能力：通过宣传教育和政策引导，社会保障制度提升了公民的养老意识和规划能力，帮助公民更好地进行养老规划，确保老年生活的安全和幸福。

3. 中国的社会保障制度

《中华人民共和国劳动法》第七十条规定："国家发展社会保险事业，建立社会保险制度，设立社会保险基金，使劳动者在年老、患病、工伤、失业、生育等情况下获得帮助和补偿。"

社会保险项目分为养老保险、失业保险、医疗保险、工伤保险和生育保险。社会保险的保障对象是全体劳动者，资金主要来源是用人单位和劳动者个人的缴费，政府给予资助。依法享受社会保险是劳动者的基本权利。

3.1　基本养老保险

基本养老保险，是国家依据法律法规设立的一种社会保险制度。在这一制度下，用人单位和劳动者必须依法缴纳养老保险费，在劳动者达到国家规定的退休年龄或因其他原因而退出劳动岗位后，社会保险经办机构依法向其支付养老金等待遇，从而保障其基本生活。《中华人民共和国社会保险法》中规定的基本养老保险制度覆盖人群有三类，包括职工、农村居民、城镇居民。

由于各省份养老保险基金负担不均，因此中央通过对部分养老保险基金的统一调剂使用，实现了养老负担在较轻省份和较重省份之间的调剂，合理均衡了地区间的基金负担。2018 年，中央出台养老金中央调剂制度，养老金进入全国统筹时代。各省统一上缴一定比例的养老金，这些养老金再通过下拨的方式转移到各地方。

3.1.1　基本养老保险的资产管理

资产管理是指对社会保障运营资金、储备基金和其他资产的管理。社保资金采用社会统筹和个人账户相结合的制度模式进行管理。

社会统筹是为确保支付基础养老金而设立的公共财务收支系统。企业为员工缴纳的养老保险（不超过经有关部门核定的上一年度本人月平均工资的20%）全部进入社会统筹账户，城镇个体工商户与灵活就业人员缴纳的部分养老保险（缴费金额为统筹地上一年度在岗职工平均工资的20%），其中 8% 划入个人账户，12% 属于社会统筹账户。

个人账户是个人名下的为缴纳养老保险费和支付个人账户养老金而设立的权益记录。国家基本养老保险制度的参保人个人缴纳的养老保险全部计入本人名下的账户，同时个人缴费期间账户内所有累积资金的投资收益也一并计入。

个人账户积累的全部资金（包括缴费和投资）归个人所有，但是在不满足领取条件的情况下，不能随便提取，只有参保人出国定居或者死亡时，才可以一次性提取携带或者由指定继承人作为遗产继承。

3.1.2 基本养老保险金的领取条件

养老金支付是向符合资格要求的受益人支付养老金。只有同时符合以下两个条件的企业职工才可以享受企业职工基本养老保险中的基础养老金：

（1）达到法定退休年龄并办理退休手续；

（2）缴费年限（含视同缴费年限）累计满 15 年。

3.2 基本医疗保险

2018 年 12 月，全国人大常务委员会通过并颁布《中华人民共和国社会保险法》（2018 修正），进一步明确基本医疗保险制度。基本医疗保险制度包括职工基本医疗保险制度、新型农村合作医疗制度、城镇居民基本医疗保险制度三种医疗保险制度。

3.2.1 职工医疗保险的资金筹集和管理

职工基本医疗保险费是由用人单位和职工共同缴纳的。用人单位缴费费率控制在有关部门核定的上一年度单位职工工资总额的 6% 左右，职工缴费率一般为本人缴费基数的 2%。随着经济的发展，用人单位和职工缴费率可作相应调整。医疗保险缴费享有免除收入所得税待遇，在税前列支。个人缴费全部计入个人账户。

用人单位缴纳的基本医疗保险费一部分用于建立统筹基金，一部分划入个人账户。划入个人账户的比例一般为用人单位缴费的 30% 左右，具体比例由统筹地区根据个人账户的支付范围和职工年龄等因素确定。下列公式反映了医疗保险的个人账户积累：个人医疗保险账户 = 本人缴费基数的 2% + 企业供款的 30% 左右。

3.2.2 职工基本医疗保险费用报销

根据《国务院关于建立城镇职工基本医疗保险制度的决定》的规定，统筹基金和个人账户要划定各自的支付范围，分别核算，不得互相挤占，同时确定统筹基金的起付线、封顶线等。

起付线即社会统筹基金开始分担的医疗费用的金额起点，原则上控制在统筹地员工年平均工资的 10% 左右；超过这个水平的医疗费用由社会统筹基金支付；起付标准以下的医疗费用从个人账户中支付或由个人自付。

封顶线即社会统筹最高支付限额，超过这个水平的医疗费用社会统筹基金不再支付。封顶线原则上控制在统筹地员工年平均工资的 4～6 倍。

共付制即社会统筹基金分担医疗费用时，要求个人分担一定比例，例如，北京市在职职工住院报销比例在 85% 以上，退休人员住院报销比例在 90% 以上，最高可达 99.1%。

此外，医保规定只有在"两定点"和"三目录"规定的范围内发生的医疗费用才能进入社会统筹报销。"两定点"是指定点医院和定点药店（处方外配药品购买）；"三目录"是指药品、诊疗项目和医疗服务设施目录。在规定的三目录以外发生的医疗费用，社会统筹基金不予支付。

基本医疗保险不承担全部医疗费用，个人和用工单位要分担支付范围外的其余医疗费用。国家鼓励建立多层次医疗保险计划以分担大额医疗费用。

3.3　失业保险

失业保险是对劳动年龄内有就业能力并有就业愿望的人出于非本人原因而失去工作，无法获得维持生活所需的工资收入，在一定期间内由国家和社会为其提供基本生活保障的社会保险制度。

3.3.1　失业保险金的给付条件

失业人员必须同时符合下列 3 个条件，才有资格从失业保险基金中领取失业保险金。

（1）失业前用人单位和本人已经缴纳失业保险费满一年；

（2）非因本人意愿中断就业；

（3）已经进行失业登记，并有求职要求。

3.3.2　失业保险待遇支付

根据《失业保险条例》第十八条规定，失业保险金的标准，按照低于当地最低工资标准、高于城市居民最低生活保障标准的水平，由省、自治区、直辖市人民政府确定。根据《失业保险条例》第十七条规定，失业人员失业前所在单位和本人按照规定累计缴费时间满 1 年不足 5 年的，领取失业保险金的期限最长为 12 个月；累计缴费时间满 5 年不足 10 年的，领取失业保险金的期限最长为 18 个月；累计缴费时间 10 年以上的，领取失业保险金的期限最长为 24 个月。

除了失业保险金，参加了失业保险，还可享受三项待遇：医疗补助金；一次性丧葬费和抚恤金；就业促进补贴，如职业培训费等。

3.4　工伤保险

工伤保险是社会保险制度中的重要组成部分，是指国家通过立法建立的，以社会统筹方式建立基金，对在工作过程中遭受事故伤害，或因从事有损健康的工作患职业病的职工，以及对因工死亡的职工遗属提供物质帮助的制度。

工伤保险基金由用人单位缴纳的工伤保险费、工伤保险基金的利息和依法纳入工伤保险基金的其他资金构成，职工个人不缴纳工伤保险费。工伤保险缴费享有税收优惠，可在税前列支。

3.5　生育保险

生育保险是指职业妇女因生育而暂时中断劳动，由国家或单位为其提供生活保障和物质帮助的一项社会制度。

生育保险筹集基金以够用为目标，主要由用人单位按规定的费率缴纳，职工个人不缴纳生育保险费。具体筹资比例由当地人民政府确定，但最高比例不超过职工工资总额的 1%。

3.6　住房公积金

住房公积金是国家依法建立的，参保人依法履行缴费义务和使用基金购（盖）房，由政府确保支付的住房资助计划。

《住房公积金管理条例》规定，从职工参加工作第二个月开始，用人单位和职工个人开始缴存住房公积金，月缴存额为职工本人缴费工资额乘以职工住房公积金缴存比例。缴存住房公积金的比例均不得低于职工上一年度月平均缴费工资的 5%，不高于职工上一年度月平均缴费工资的 12%。缴存住房公积金的月平均工资不得超过职工工作地所在设区城市上一年度职工月平均工资的 3 倍。住房公积金缴费可在税前列支。

公积金个人账户余额的核算方法：住房公积金个人账户余额 = 个人缴费 + 单位缴费 + 账户投资所得。

根据《住房公积金管理条例》第二十四条的规定，职工有下列情形之一的，可以提取职工住房公积金账户内的存储余额：

（1）购买、建造、翻建、大修自住住房的；

（2）离休、退休的；

（3）完全丧失劳动能力，并与单位终止劳动关系的；

（4）出境定居的；

（5）偿还购房贷款本息的；

（6）房租超出家庭工资收入的规定比例的。

4. 中国的企业福利制度

4.1　企业福利制度的定义

企业福利制度是指企业在工资之外，为提高员工的生活质量和工作满意度而提供的一系列福利待遇和服务。员工福利制度作为企业薪酬体系的一个重要组成部分，不仅包括各种形式的经济补助，如奖金、津贴、补助等，还包括医疗保险、退休计划、教育培训、住房福利等多种福利形式。

4.2　企业福利制度的发展

企业福利制度的发展与企业管理理念和社会经济环境密切相关。20 世纪初期，随着劳动运动的兴起和社会保障制度的建立，企业开始重视员工福利，逐步构建了以工资外福利为核心的企业福利制度。

在 20 世纪中叶，西方发达国家的员工福利制度进入了快速发展阶段。企业为了吸引和留住优秀人才，纷纷推出了各种形式的福利计划，如养老金计划、健康保险、带薪休假等。随着全球化进程的加快和劳动力市场的变化，员工福利制度的内容和形式也在不断调整和创新。

进入 21 世纪，员工福利制度逐渐向多元化和个性化方向发展。一方面，企业在传统的福利项目基础上，增加了诸如弹性工作时间、职业培训、心理咨询等新型福利；另一方面，员工对福利的需求日益个性化，企业在制定福利政策时，越来越多地考虑员工的个人需求和偏好。

4.3 企业福利制度的形式

4.3.1 企业年金

依照《企业年金办法》，创建企业年金计划需满足的基本要素包括：首先，必须遵守相关法律法规，如参加基本养老保险并按时缴纳；其次，企业具备相应的经济实力；再次，须通过集体协商与员工达成共识，制定企业年金方案；最后，企业年金方案需经过职工代表大会或者全体职工讨论通过。

1. 企业年金的特点

（1）是国家基本养老保险的补充计划；

（2）企业自愿建立和员工自愿参加；

（3）符合法律规定条件的计划可以享有税收优惠待遇；

（4）以 DC 计划为主，实行个人账户管理模式；

（5）企业年金基金资产独立，通过信托合同委托受托人管理；

（6）企业年金基金实行市场化运营；

（7）计划成员可选择领取方式，包括一次性领取和年金支付。

2. 企业年金的缴费方式

企业年金缴费由企业和员工个人共同承担，企业缴费每年不超过员工工资总额的 8%，企业和员工个人缴费合计不超过工资总额的 12%。至于各自承担多少，由企业和员工协商确定。

具体来说，个人缴费部分及投资收益完全计入个人账户，由企业代扣代缴。企业缴费部分分别计入个人账户和单位账户，计入规则也需要商定，可以约定比例，也可以约定按年限递增。比如，可以商定缴费满三年，企业缴费部分及投资收益的 30% 归属员工；缴费满五年，企业缴费部分及收益的 50% 归属员工；不过，缴费年限达到八年的，必须全部归员工所属。

3. 企业年金领取条件

（1）职工在达到国家规定的退休年龄或者完全丧失劳动能力时，可以从本人企业年金个人账户中按月，分次或者一次性领取企业年金。

（2）出国（境）定居人员的企业年金个人账户资金，可以根据本人要求一次性支付给本人。

（3）职工或者退休人员死亡后，其企业年金个人账户余额可以继承。

4.3.2 健康保障计划

健康保障计划是指企业在国家基本医疗保险的基础上，举办或参加的、以保障员工健康为目的的多项福利计划。

各地区的健康保障计划种类多样，分类方法也不统一。按照经办模式划分，可分为以下四种：社会保险机构经办的职工补充医疗保险模式、工会经办的职工医疗互助计划模式、用人单位直接向保险公司投保的团体医疗险模式、用人单位自办的医疗保障基金模式。

4.3.3 住房福利计划

住房福利计划是指单位根据自身经营情况，在国家住房公积金计划之外，自愿建立用于解决和改善员工住房问题的福利计划。其主要形式有以下三种：补充住房公积金、住房贷款援助、低价购房计划。

4.3.4 教育福利计划

教育福利计划是指为提高工作效率及改善职工知识结构、综合素质和提高能力的福利制度安排。以在职培训为例，包括的种类主要有：学历学位教育、专业资质认证培训、短期业务培训、关键岗位培训和对职工子女教育资助等。

4.3.5 利润分享计划

利润分享计划是由用人单位建立并提供资金支持，让其员工或受益者参与企业利润分配的福利制度安排。

在利润分享计划中，企业供款从企业利润中提取，如果某年企业没有任何利润，用人单位就可以不供款。

4.3.6 股权激励计划

股权激励计划是指为吸引、保留和激励员工，通过员工持有股份、股票（或与股票相关的收益权）方式实现的利益分享、部分参与决策的长期激励性制度。它使经营者及员工能够在一定条件下以股东的身份参与企业决策，分享利润，承担风险，从而勤勉尽责地为公司的长期发展服务。

股权激励计划主要有四种类型：股票期权激励计划、限制性股票激励计划、股票增值权激励计划、虚拟股票激励计划。

4.4　企业福利制度的作用

企业福利制度在提高员工生活质量、增强员工归属感和满意度、促进企业发展等方面具有重要作用，主要体现在以下方面。

（1）提高员工生活质量。通过提供健康保险、住房补贴、教育培训等福利，员工福利制度有效提高了员工的生活质量，减轻了员工的经济负担，增强了员工的幸福感。

（2）增强员工归属感和满意度。员工福利制度作为企业文化的重要组成部分，有助于增强员工对企业的归属感和认同感，提高员工的工作满意度和忠诚度，减少员工的流动率。

（3）提升企业竞争力。良好的员工福利制度是企业吸引和留住人才的重要手段，有助于企业在激烈的市场竞争中获得人才优势，提升企业的核心竞争力。

（4）促进企业和谐发展。员工福利制度通过满足员工的多样化需求，构建了企业与员工之间的和谐关系，促进了企业的健康和可持续发展。

第 8 章

与养老相关的法律法规

导读

在中华民族的优良传统中，尊敬长者、孝敬长辈、支持和扶助老年群体是社会文明进步的重要标志。习近平总书记强调："满足数量庞大的老年群众多方面需求、妥善解决人口老龄化带来的社会问题，事关国家发展全局，事关百姓福祉，需要我们下大气力来应对。"党的二十大报告提出实施积极应对人口老龄化国家战略，发展养老事业和养老产业，优化孤寡老人服务，推动实现全体老年人享有基本养老服务。2022年最高人民法院发布《关于为实施积极应对人口老龄化国家战略提供司法服务和保障的意见》，将积极老龄观、健康老龄化理念融入司法工作全过程，体现了对老年人权益保障的高度重视。

随着社会经济的发展和人口老龄化的加剧，中国的养老法律法规也在不断完善和发展。从20世纪初期的劳动运动兴起，到现代社会保障制度的建立，企业福利制度，特别是以工资外福利为核心的企业福利制度，逐步形成。进入21世纪，员工福利制度向多元化和个性化方向发展，企业在传统的福利项目基础上，增加了弹性工作时间、职业培训、心理咨询等新型福利，以满足员工的个性化需求。

我国的与养老相关的法律法规体系为老年人提供了全面的保障，旨在实现老有所养、老有所依、老有所乐、老有所安，以习近平新时代中国特色社会主义思想为指导，全面落实党的二十大精神，进一步完善保护老年人权益工作机制，为构建与居家社区机构相协调的养老服务体系、发展银发经济、增进老年人福祉提供高质量的司法服务和保障，让老年人共享发展成果、安享幸福晚年，守护最美夕阳红。

1. 养老保障法律体系概述

养老保障法律体系是国家为保护老年人权益、维护社会稳定而制定的一系列法律法规和政策的总称。这些法律法规构成了养老保障制度的法律基础，是保障老年人基本生活、医疗健康和社会参与的关键。通过对养老保障法律体系的全面了解，可以更好地认识国家在养老保障方面的制度安排和政策方向。

1.1　中国养老保障法律体系的发展历程

中国的养老保障法律体系经历了从无到有、从简单到复杂、从零散到系统的发展历程。其发展可以划分为如下几个重要阶段。

1.1.1　初期阶段（1949—1978 年）

中华人民共和国成立后，国家逐步建立了计划经济体制下的社会保障制度。养老保障制度主要针对国有企业和事业单位的职工，实行统筹管理、单位负责的保障模式。在这个时期，养老保障主要依靠单位福利，国家层面缺乏统一的法律法规。

1.1.2　改革开放阶段（1978—2000 年）

随着改革开放的推进，市场经济体制逐步确立，原有的养老保障模式已不适应新的经济环境。20 世纪 80 年代末，国家开始探索和实施养老保险制度改革，逐步建立了社会统筹与个人账户相结合的基本养老保险制度。1997 年，国务院发布《关于建立统一的企业职工基本养老保险制度的决定》，标志着中国养老保障制度改革进入了新的阶段。

1.1.3　完善阶段（2000 年至今）

进入 21 世纪，国家加快了养老保障法治化建设的步伐，颁布了一系列重要的法律法规，如《中华人民共和国社会保险法》《中华人民共和国老年人权益保障法》等。同时，国家积极推动多层次养老保障体系建设，包括基本养老保险、企业年金和个人储蓄性养老保险，逐步形成了以社会保险为基础、以企业补充保险为辅助、以个人储蓄性养老保险为补充的养老保障体系。

1.2　国家养老政策的基本框架

国家养老政策是政府为应对老龄化社会问题、保障老年人基本生活、促进社会和谐稳定而制定的一系列政策措施的总称。中国的养老政策框架主要包括以下几部分。

（1）基本养老保障：包括基本养老保险、城乡居民养老保险等制度，主要由国家和地方政府主导实施，旨在保障老年人的基本生活。

（2）补充养老保障：包括企业年金、职业年金等制度，由企业或单位为职工建立，作为基本养老保障的补充，旨在提高退休后的生活水平。

（3）社会救助和福利：包括最低生活保障、特困人员救助供养等制度，主要针对低收入和无收入老年人群体提供生活救助和福利保障。

（4）养老服务体系：包括居家养老、社区养老和机构养老等多种养老服务形式，旨在为老年人提供多样化的生活照料、医疗护理和精神慰藉服务。

（5）老年人权益保护：通过《中华人民共和国老年人权益保障法》等法律法规，保障老年人在生活、财产、健康、精神等方面的合法权益，防范和打击针对老年人的各类侵害行为。

1.3　法律法规在养老规划中的作用

法律在养老规划中发挥着不可替代的作用，主要表现在以下几个方面。

（1）保障权益：通过制定和实施养老相关法律法规，明确老年人享有的各项权益和保障措施，为老年人的基本生活、医疗健康和社会参与提供法律保障。

（2）规范行为：法律通过对养老保险、养老服务、养老设施建设等方面的规定，规范政府、企业、家庭和个人在养老保障中的行为，确保各方权益得到有效保护。

（3）提供依据：法律为制定养老政策、规划养老项目、开展养老服务等提供了基本依据和指导方向，有助于提高养老规划的科学性和可行性。

（4）促进公平：法律通过建立公平公正的养老保障制度，减少贫困和不平等现象，促进社会和谐稳定。

1.4　养老规划中的法律风险与防范

在养老规划中，法律风险主要包括以下几个方面。

（1）政策变动风险：由于国家政策的调整或地方政策的差异，养老规划在执行过程中可能出现政策不一致、政策落地困难等问题。为防范政策变动风险，应密切关注政策动向，及时调整养老规划方案。

（2）法律纠纷风险：养老规划涉及老年人权益保障、养老服务质量、养老设施安全等多个方面，容易引发法律纠纷。为防范法律纠纷风险，应加强对相关法律法规的学习和遵守，建立健全内部管理制度，做好风险防范和应对预案。

（3）合规风险：养老规划涉及的各类活动均须严格遵守国家法律法规的要求，任何违法违规行为都可能带来法律责任和经济损失。为防范合规风险，应强化法治意识，建立合规管理体系，确保各项工作依法合规地进行。

（4）合同履行风险：养老服务机构与老年人或其家属之间的合同关系涉及服务内容、服务质量、收费标准等多个方面，如果在履行合同过程中出现争议，就可能导致法律风险。为防范合同履行风险，应加强合同管理，确保合同条款明确、合法，并严格按照合同约定提供服务。

2. 老年人权益保护法律

老年人权益保护法律是为了保障老年人合法权益而制定的法规体系，涉及老年人的生活、健康、经济、法律等各个方面。随着人口老龄化的加剧，老年人权益的保护成为社会关注的焦点。

2.1 《中华人民共和国老年人权益保障法》

2.1.1　简介

《中华人民共和国老年人权益保障法》（以下简称《老年人权益保障法》）是保障老年人合法权益，发展老龄事业，弘扬中华民族敬老、养老、助老的美德而制定的法律。该法于 1996 年 8 月 29 日由第八届全国人大常委会第 21 次会议通过，此后多次修正。现行版本于 2018 年 12 月 29 日由第十三届全国人民代表大会常务委员会第七次会议修正。

《老年人权益保障法》规定，老年人是指六十周岁以上的公民。家庭成员应当关心老年人的精神需求，不得忽视、冷落老年人。与老年人分开居住的家庭成员，应当经常看望或者问候老年人。不常看望老人将属违法，因此这也被媒体解读为

"把常回家看看写入法律"。

2.1.2 主要内容

《老年人权益保障法》提出的我国社会养老服务体系是由国家建立和完善的，以居家为基础、以社区为依托、以机构为支撑的社会养老服务体系。它明确了哪些人属于赡养人的范围以及赡养人有哪些义务。赡养人包括老年人的子女以及其他依法有赡养义务的人。子女包括婚生子女、非婚生子女、养子女和受继父母抚养教育的继子女。孙子女、外孙子女一般是在特定情况下负有赡养老年人的义务。完整的赡养义务包括经济供养、生活照料和精神慰藉三个方面。

《老年人权益保障法》主要包括以下几个方面的内容。

（1）经济保障：法律规定了国家对老年人的基本养老金制度，包括养老保险金的发放、调整及其管理。法律要求政府要不断完善养老保险制度，提高养老金水平。针对低收入老年人，法律规定了政府应提供经济援助，包括最低生活保障、生活补贴等，确保老年人的基本生活需求得到满足。

（2）生活服务：法律要求政府支持和发展养老服务设施，包括养老院、日间照料中心等，并对其管理和运营提出了规范要求。法律还规定了养老服务设施的设置标准和服务质量。法律要求改善老年人的居住条件，包括无障碍设施的建设、安全措施的完善等，以提高老年人的居住舒适度和安全性。

（3）健康保障：法律规定了老年人享有优先医疗服务和健康保健服务的权利，包括免费体检、疾病预防和治疗等。政府应提供相关医疗资源，确保老年人能够获得必要的医疗服务。法律要求建立老年人健康管理系统，定期进行健康评估和健康干预，预防和控制老年疾病的发生。

（4）法律救济：法律规定了老年人在权益受到侵害时的法律救济途径，包括法律援助服务和申诉机制。老年人可以通过法律援助机构寻求帮助，维护自身的合法权益。法律设立了专门的老年人权益保护机构，负责处理涉及老年人权益的纠纷和案件，并对相关法律行为进行监督和检查。

2.2 《中华人民共和国社会保险法》

2.2.1 简介

2010年10月28日，《中华人民共和国社会保险法》（以下简称《社会保险法》）由十一届全国人大常委会第十七次会议审议通过，自 2011 年 7 月 1 日起施行。2018 年 12 月由全国人大常委会进行了修正，这是一部着力保障和改善民生的法律。

随着我国经济的快速发展和社会结构的变化，特别是老龄化问题的日益严重，传统的社会保障体系已经无法满足广大民众的需求。制定《社会保险法》旨在构建一个更加完善、系统的社会保险体系，提供全面的社会保障，特别是养老保障，解决社会保障制度不完善、覆盖面不足的问题。

在《社会保险法》制定之前，我国社会保险体系存在诸多问题，如制度分割、管理不统一、待遇水平不平衡等。国家通过制定《社会保险法》，推动社会保险制度的统一和改革，实现社会保险的公平、公正、可持续发展。

《社会保险法》的制定是我国法治建设的重要体现。法律不仅为社会保险制度提供了明确的法律基础，而且为保障公民的社会保险权益、规范社会保险管理、提高社会保险水平提供了法律保障。

《社会保险法》确立了我国社会保险体系的基本框架，在养老、医疗、工伤、失业、生育 5 项社会保险制度中，养老和医疗保险覆盖各类劳动者和全体居民，工伤、失业、生育保险覆盖全体职业人群，第一次以法律形式确立了广覆盖的社会保险体系。

2.2.2　主要内容

《社会保险法》的主要内容包括社会保险的基本原则、参保范围与缴费、保险待遇、管理与监督等方面。

（1）社会保险的基本原则：《社会保险法》明确了社会保险的基本原则，包括保障性、普惠性和公平性。这些原则旨在确保社会保险制度的公平性和可持续性，满足广大民众的基本保障需求。

（2）参保范围与缴费：法律规定所有城乡居民和职工都应当参保，包括企业职工、机关事业单位人员以及其他社会成员。特别强调对农村和城市低收入群体的覆盖。法律规定了社会保险的缴费方式，包括个人缴费和单位缴费。不同类型的社会保险（如养老保险、医疗保险）有不同的缴费比例和标准，以确保资金的筹集和管理。

（3）保险待遇：法律规定了养老保险的待遇标准，包括基础养老金、个人账户养老金等。养老金的水平与缴费年限、缴费金额、个人账户积累等因素相关。

（4）管理与监督：法律规定了社会保险的管理机构，包括社会保险机构和管理部门；明确了这些机构的职能、职责和权利，以确保社会保险制度的有效运作。法律设立了监督机制，对社会保险的管理和运行进行监督，包括审计、监察和投诉处理等，以防止舞弊和不正当行为。

2.2.3 覆盖范围

《社会保险法》将我国境内所有用人单位和个人都纳入了社会保险制度的覆盖范围，具体内容如下。

（1）用人单位及其职工应当参加职工基本养老保险和职工基本医疗保险；无雇工的个体工商户、未在用人单位参加社会保险的非全日制从业人员以及其他灵活就业人员可以参加职工基本养老保险和职工基本医疗保险；农村居民可以参加新型农村社会养老保险和新型农村合作医疗；城镇未就业的居民可以参加城镇居民社会养老保险和城镇居民基本医疗保险；进城务工的农村居民依照本法规定参加社会保险；公务员和参照公务员法管理的工作人员养老保险的办法由国务院规定。

（2）工伤保险、失业保险和生育保险制度覆盖了所有用人单位及其职工。

（3）被征地农民按照国务院规定纳入相应的社会保险制度。

（4）在中国境内就业的外国人，也应当参照本法规定参加我国的社会保险。

2.2.4 筹资渠道

国家通过多渠道筹集社会保险资金。《社会保险法》规定了各项社会保险制度的筹资渠道，明确了用人单位、个人和政府在社会保险筹资中的责任。具体包括如下内容。

（1）城镇职工社会保险基金的主要来源是社会保险缴费。职工基本养老保险、职工基本医疗保险和失业保险费用，由用人单位和职工共同缴纳；工伤保险和生育保险费用由用人单位缴纳，职工个人不缴费。

（2）居民社会保险基金主要由社会保险缴费和政府补贴构成。新型农村社会养老保险实行个人缴费、集体补助和政府补贴相结合；城镇居民基本医疗保险实行个人缴费和政府补贴相结合。

（3）明确了政府在社会保险筹资中的责任。县级以上人民政府对社会保险事业给予必要的经费支持，在社会保险基金出现支付不足时给予补贴；国有企业、事业单位职工参加基本养老保险前，视同缴费年限期间应当缴纳的基本养老保险费由政府承担；在新型农村社会养老保险和城镇居民基本医疗保险制度中，政府对参保人员给予补贴；基本养老保险基金出现支付不足时，政府给予补贴；国家设立全国社会保障基金，由中央财政预算拨款以及国务院批准的其他方式筹集的资金构成，用于社会保障支出的补充、调剂。

2.2.5　征缴制度

在总结《社会保险费征缴暂行条例》实施经验的基础上，《社会保险法》进一步完善了社会保险费征缴制度，增强了征缴的强制性，为加强征缴工作提供了更有力的法律保障。

（1）规定了社会保险信息沟通共享机制。

（2）规定了灵活就业人员社会保险登记、缴费制度。

（3）规定了社会保险费实行统一征收的方向，授权国务院规定实施步骤和具体办法。

（4）建立了社会保险费的强制征缴制度。

《社会保险法》第六十三条规定，用人单位未按时足额缴纳社会保险费的，由社会保险费征收机构责令其限期缴纳或者补足。用人单位逾期仍未缴纳或者补足社会保险费的，社会保险费征收机构可以向银行和其他金融机构查询其存款账户；并可以申请县级以上有关行政部门作出划拨社会保险费的决定，书面通知其开户银行或者其他金融机构划拨社会保险费。

2.3　《中华人民共和国民法典》

2020 年 5 月 28 日，第十三届全国人大三次会议表决通过了《中华人民共和国民法典》（以下简称《民法典》），自 2021 年 1 月 1 日起施行。《民法典》无疑将会对每位中国公民的生活产生深远影响。

《民法典》共 7 编、1 260 条，各编依次为总则、物权、合同、人格权、婚姻家庭、继承、侵权责任，以及附则，被誉为"社会生活百科全书"。其中关于养老的相关规定涉及遗赠抚养、赡养、监护、居住权等多个方面。这些规定不仅对老年人的法律权益进行了详细的规定，而且为养老问题提供了法律依据和保障。

2.3.1　民法典的立法意义

《民法典》是中国法治建设的重要里程碑，全面系统地调整了民事法律关系，其中养老篇的规定对于老年人的权益保护具有重要意义。

（1）完善法律体系：《民法典》的养老篇完善了中国的法律体系，填补了之前法律中的空白,为老年人的权益保护提供了更加系统和全面的法律依据。

(2)提升法律保障:通过明确规定遗赠抚养、赡养、监护、居住权等方面的法律,提升了老年人的法律保障水平,保障了他们的基本生活需求和权益。

(3)促进社会和谐:法律规定了家庭成员在养老中的责任,促进了家庭的和谐与稳定,增强了社会的责任感和凝聚力。

2.3.2 《民法典》关于养老的核心内容

(1)遗赠抚养协议。遗赠抚养协议是一种法律行为,通过该协议,老年人可以将其遗产或部分财产留给指定的抚养人作为抚养报酬。该协议具有法律效力,必须遵循合法、真实、自愿的原则。

遗赠抚养协议必须依法签署,并符合规定的形式和程序。协议内容应明确、具体,确保双方权益的合法性和有效性。在遗赠抚养协议的履行过程中,如出现纠纷,可通过法律途径进行处理,包括法院的调解和裁决。

(2)赡养责任。法律规定子女对父母负有赡养义务,包括提供生活费、医疗费等。赡养责任是法律上的义务,任何子女均应依法履行。

赡养标准应根据老年人的生活需要、家庭经济状况以及当地的经济水平确定,确保老年人能够获得基本的生活保障。

在赡养责任履行过程中,如出现纠纷,可通过法律途径解决,包括法院的调解和裁决,维护老年人的合法权益。

(3)监护制度。监护是指对无行为能力或限制行为能力的老年人进行保护和照料的法律制度。监护人负责老年人的生活、健康和财产管理。

法律规定监护人的选任应遵循合法、公正的原则。监护人应具备相应的资格和能力,能够履行监护职责。法律规定对监护人的行为进行监督,确保其履行监护职责,并防止监护权的滥用。

(4)居住权。居住权是指老年人依法享有在特定居住场所生活的权利。法律规定老年人在居住方面的权利,确保其基本生活需求得到满足。

法律规定对老年人的居住权进行保障,包括提供适当的居住条件和环境,确保老年人的生活质量。

2.4 各地养老服务条例与《中华人民共和国反家庭暴力法》

各地养老服务条例对养老服务机构的设置、运营和管理进行规范,确保养老服务的质量和标准。

《中华人民共和国反家庭暴力法》保护老年人在家庭暴力中的权益,预防和制止对老年人的暴力行为。

2.5　地方性养老法规

各地根据实际情况制定了地方性养老法规,这些法规在保护老年人权益方面具有一定的地方特色和针对性。

(1)地方养老保险法规:各地根据自身的经济条件和养老需求,制定了适合本地区的养老保险政策和实施细则。例如,根据国家政策的统一要求,各地会适时提高城乡居民基础养老金的最低发放标准。在 2024 年,国家明确指出全国基础养老金的最低发放标准将再提高 20 元,达到每人每月最低 123 元。而一些经济较为发达的地区,如上海,其基础养老金标准可能会远高于全国最低标准,甚至达到每人每月 1 490 元。

(2)地方养老服务条例:规定地方养老服务机构的设置标准、服务质量等,以适应本地区的养老服务需求。

2.6　其他养老相关法律法规

1991 年:《关于企业职工养老保险制度改革的决定》

1991 年 6 月 26 日,国务院发布国发〔1991〕33 号文——《关于企业职工养老保险制度改革的决定》,提出设立养老金个人账户,并对个人缴费进行了详细规定。初期,缴费额应不超过本人工资的 3%,以后随着经济的发展和职工工资的调整再逐步提高。自此,以个人缴费为主要特征之一的企业基本养老社会保险制度开始逐步建立。

1993 年:《中共中央关于建立社会主义市场经济体制若干问题的决定》

1993 年 11 月 14 日,中国共产党第十四届中央委员会第三次全体会议通过了《中共中央关于建立社会主义市场经济体制若干问题的决定》,提出:城镇职工养老保险金由单位和个人共同负担,实行社会统筹和个人账户相结合。这是我国首次提出社会统筹与个人账户相结合的基本养老保险制度。

1995 年：《关于深化企业职工养老保险制度改革的通知》

1995 年 3 月 1 日，国务院发布国发〔1995〕6 号文——《关于深化企业职工养老保险制度改革的通知》，进一步明确了基本养老保险费用由企业和个人共同负担，实行社会统筹与个人账户相结合，并逐步提高个人缴费比例。这标志着我国社会统筹与个人账户相结合的基本养老保险制度的正式建立。

1997 年：《关于建立统一的企业职工基本养老保险制度的决定》

1997 年 7 月 16 日，国务院发布国发〔1997〕26 号文——《关于建立统一的企业职工基本养老保险制度的决定》，在进一步明确基本养老保险改革目标的基础上，对基本养老保险个人账户制度的具体实施办法做了明确规定：基本养老保险费由企业缴费和个人缴费两部分组成，其中个人缴费部分应逐步达到本人缴费工资的 8%，有条件的地区个人缴费比例提高速度可以适当加快。应按本人缴费工资 11% 的数额为职工建立基本养老保险个人账户，个人缴费全部计入个人账户，不足的部分由企业缴费划入。但企业缴费应随着个人缴费的提高逐步降低到 3%。个人账户的储存额参考银行同期存款利率计算利息，个人账户储存额只能用于个人养老，不得提前支取。职工调动时，个人账户全部随同转移。职工退休或死亡时，个人账户中的个人缴费部分可以继承。

1997 年：《职工基本养老保险个人账户管理暂行办法》

1997 年 12 月，原劳动部办公厅发布劳办发〔1997〕116 号文——《职工基本养老保险个人账户管理暂行办法》。该《管理暂行办法》自 1998 年 1 月 1 日起施行，它对《国务院关于完善企业职工基本养老保险制度的决定》中有关个人账户的政策规定进行了细化，特别是对其中有关矛盾点给出了相关解决办法。其主要内容包括职工基本养老保险个人账户的建立、管理和继承的相关规定。

2000 年：《关于印发完善城镇社会保障体系试点方案的通知》

2000 年，国务院发布国发〔2000〕42 号文——《关于印发完善城镇社会保障体系试点方案的通知》，并附有《关于完善城镇社会保障体系的试点方案》。该方案对个人账户提出了新的调整政策。例如：从 2001 年起，企业缴纳该企业所有职工工资总额的 20% 左右全部进入统筹账户，不再划拨到个人账户，全部纳入社会统筹基金，并以省（自治区、直辖市）为单位进行调剂；职工依法缴纳基本养老费，缴纳比例为本人缴费工资的 8% 左右，全部计入个人账户，个人账户规模由本人缴费工资的 11% 调整为 8%。社会统筹基金和个人账户基金实行分别管理，基本养老金的发放办法基本不变。

2003 年：《中共中央关于完善社会主义市场经济体制若干问题的决定》

2003 年 10 月 14 日，中国共产党第十六届中央委员会第三次全体会议通过了《中共中央关于完善社会主义市场经济体制若干问题的决定》。该决定中关于社会保障的论述如下：要完善企业职工基本养老保险制度，坚持社会统筹与个人账户相结合，逐步做实个人账户。

事实上，自 2001 年开始，我国政府已经开始完善基本养老保险制度改革试点，内容主要包括：逐步做实个人账户，实现部分基金积累，探索基金保值增值办法；改革基础养老金计发办法，将基础养老金水平与职工参保缴费年限更加紧密地联系起来，职工参保缴费 15 年后每多缴费一年增发一定比例的基础养老金。

2005 年：《国务院关于完善企业职工基本养老保险制度的决定》

2005 年 12 月 3 日，国务院发布的《国务院关于完善企业职工基本养老保险制度的决定》包括完善企业职工基本养老保险制度的指导思想和主要任务等十一条内容。该决定进一步对个人账户制度进行了调整。例如：为与做实个人账户相衔接，从 2006 年 1 月 1 日起，个人账户的规模由本人缴费工资的 11% 调整为 8%，全部由个人缴费形成，单位缴费不再划入个人账户。同时，进一步完善鼓励职工参保缴费的激励约束机制，相应调整基本养老金计发办法。

2009 年：《城镇企业职工基本养老保险关系转移接续暂行办法》

2009 年 12 月 28 日，国务院发布了《城镇企业职工基本养老保险关系转移接续暂行办法》。该办法从 2010 年 1 月 1 日起施行，主要内容包括参加城镇企业职工基本养老保险的所有人员（含农民工在内）的基本养老保险关系转移接续的相关规定。

该办法进一步明确了个人账户储存额的计算和转移方式，1998 年 1 月 1 日之前参保的，个人账户储存额按个人缴费累计本息计算转移，1998 年 1 月 1 日之后参保的则按计入个人账户的全部储存额计算转移。

2014 年：《国务院关于建立统一的城乡居民基本养老保险制度的意见》

2014 年 2 月 21 日，国务院发布的《关于建立统一的城乡居民基本养老保险制度的意见》提出，到"十二五"末，在全国基本实现新农保和城居保制度合并实施，并与职工基本养老保险制度相衔接；2020 年前，全面建成公平、统一、规范的城乡居民养老保险制度。

该意见要求各地加强信息化建设，大力推行全国统一的社会保障卡，方便参保居民持卡缴费、领取待遇和查询本人参保信息。

2018 年：《关于开展个人税收递延型商业养老保险试点的通知》

2018 年 4 月，财政部、人力资源社会保障部、税务总局、银保监会、证监会五部委发布了《关于开展个人税收递延型商业养老保险试点的通知》（现已部分失效）。该通知要求，自 2018 年 5 月 1 日起，在上海市、福建省（含厦门市）、苏州工业园区实施个人税收递延型商业养老保险试点，在缴费税前扣除环节办理税前扣除，在领取商业养老金征税环节由保险公司按规定代扣代缴。试点结束后，根据试点情况，结合养老保险第三支柱制度建设的有关情况，有序扩大参与的金融机构和产品范围，将公募基金等产品纳入个人商业养老账户投资范围，相应将中登公司平台作为信息平台，与中保信平台同步运行。第三支柱制度和管理服务信息平台建成以后，中登公司平台、中保信平台与第三支柱制度和管理服务信息平台对接，实现养老保险第三支柱宏观监管。

2021 年：《关于加强新时代老龄工作的意见》

2021 年 11 月，中共中央、国务院发布的《关于加强新时代老龄工作的意见》提出，到 2025 年年底前，每个县（市、区、旗）有 1 所以上具有医养结合功能的县级特困人员供养服务机构。

该意见主要包括健全养老服务体系、完善老年人健康支撑体系、促进老年人社会参与、着力构建老年友好型社会、积极培育银发经济五个方面的内容，以及加强人才队伍建设、加强老年设施供给、完善相关支持政策、强化科学研究和国际合作等保障措施。

该意见的主旨为实施积极应对人口老龄化国家战略，加强新时代老龄工作，提升广大老年人的获得感、幸福感、安全感。

2022 年：《关于推动个人养老金发展的意见》

2022 年 4 月 8 日，国务院办公厅发布了《关于推动个人养老金发展的意见》，引发行业广泛关注。该意见旨在推动发展适合中国国情、政府政策支持、个人自愿参加、市场化运营的个人养老金制度，与基本养老保险、企业（职业）年金相衔接，实现养老保险补充功能，协调发展其他个人商业养老金融业务，推动健全多层次、多支柱养老保险体系。

该意见从参加范围、制度模式、缴费水平、税收政策、个人养老金投资、个人养老金领取等方面对个人养老金发展做出规划，或将对未来国内资管行业发展产生重要影响。

2023 年：《养老保险公司监督管理暂行办法》

2023 年 11 月 25 日，国家金融监督管理总局向各地监管局和多家保险公司印发《养老保险公司监督管理暂行办法》。该办法从机构管理、公司治理、经营规则、监督管理等方面加强养老保险公司监管，规范养老保险公司经营行为。

对于"养老保险公司"的定义，该办法明确，所谓养老保险公司，是指经国务院保险监督管理机构批准，在中华人民共和国境内设立的，主要经营商业养老保险业务和养老基金管理业务的专业性人身保险公司。

该办法划定了养老保险公司可经营的"五大类"业务范围，规定养老保险公司可以申请经营以下部分或全部类型业务：一是具有养老属性的年金保险、人寿保险，长期健康保险和意外伤害保险；二是商业养老金；三是养老基金管理；四是保险资金运用；五是国务院保险监督管理机构批准的其他业务。

该办法强调，养老保险公司应当走专业化发展道路，积极参与多层次、多支柱养老保险体系建设，聚焦养老主业，创新养老金融产品和服务，满足人民群众多样化的养老需求。

第 9 章

养老风险管理

养老规划 YANGLAO GUIHUA

导读

在探讨养老规划时，我们常被理想化的晚年生活所吸引：

"当你老了，头发花白，睡意昏沉，当你老了，走不动了，炉火旁打盹，回忆着青春……"

歌手赵照的《当你老了》描绘了一幅美好的晚年画卷：无忧无虑，安享晚年。

但现实中，养老生活的风险不容忽视。日本作为老龄化社会的先驱，其老年人的生活现状为我们提供了重要的参考。

2013 年拍摄的《老人漂流社会》中记录了几位老人漂泊不定的孤独晚年。影片中的第一位主角大井四郎，居住在东京，频繁更换住所，每月至少搬一次家。好不容易抢到公立床位，却需抵押房产，甚至来不及收拾妻子的遗物。在《无缘社会》中，一位老人因为失去关照，长期脱离社交，导致老死家中数日无人问津。而该例子不在少数。在《日本监狱》中，有一大批老人故意犯罪，只为了能去监狱里养老！

2016 年拍摄的《老后破产：所谓"长寿"的噩梦》所揭示的日本人的老年生活，让人既震惊又心酸。一碗米饭、几颗纳豆、两片青菜就是 68 岁的青山政司和 91 岁母亲每天的伙食，至于肉类和水果，想都不敢想。而另一位 69 岁叫作河口的老人，尽管每个月有一点点的退休金，可还得靠开出租，才能勉强维持一家 7 口人的生活。不幸的是，一年之后他就失去了这份工作，因为出租公司不要 70 岁以上的老人。

越长寿越不幸，这就是一部分日本老年人的现状。钱不够花、积蓄清零、吃不饱饭、坐不起车、不敢生病、无人关照、没有朋友、拼命工作……这些案例揭示了养老风险管理的重要性。

长寿是一种福气，也是一种风险。长寿时代的到来使得养老风险管理变得尤为重要。通过提前规划和准备，我们可以更好地应对养老风险，确保退休后的生活质量。政府、社会、家庭和个人都应承担起相应的责任，共同构建一个稳健的养老风险管理体系。

1. 养老风险概述

1.1　养老风险的定义

养老风险是指在个体退休后可能面临的各种不确定因素，这些因素可能影响个体的生活质量和经济安全。随着年龄的增长，退休后的收入通常会减少，而医疗和护理费用则可能增加，这就导致了一系列的风险。这些风险包括收入不足、健康状况恶化、意外事故、通货膨胀导致的生活成本上升等。

在现代社会，养老风险已成为家庭、社会和国家共同面临的重要问题。由于人类寿命的延长和出生率的下降，越来越多的人面临着如何在退休后维持生活质量的挑战。因此，理解和管理养老风险变得至关重要。

养老风险是客观存在的，是每个人都要面临的一种风险。

1.2　养老风险发生的因素

养老风险的发生是多种因素共同作用的结果，这些因素涉及社会、经济、政策、个人等多个层面。

1.2.1　社会因素

人口老龄化是养老风险发生的主要社会因素。随着出生率的下降和预期寿命的延长，老年人口比例逐年上升，社会的养老负担加重。同时，家庭结构的变化（如单身家庭、丁克家庭等增多）也使得传统的家庭养老功能弱化，增加了养老风险。

1.2.2　经济因素

经济环境的变化，如经济增长放缓、通货膨胀、失业率上升等经济因素，都会对个人的养老资金积累产生影响。此外，金融市场的不稳定性增加了养老金投资的风险，可能导致养老储备的不足。

1.2.3　政策因素

政府政策的变动，如养老金改革、医疗保险制度调整等政策因素，可能会影响个人的养老预期。例如，一些国家为应对养老资金不足，可能会推迟退休年龄或减少养老金福利，这些都增加了个人养老的不确定性。

1.2.4　个人因素

个人的健康状况、职业生涯、财务管理能力等个人因素都会影响其养老风险。未能及早进行养老规划、储蓄不足、投资不当等都会增加个人的养老风险。此外，意外的健康问题或家庭变故也可能对养老产生重大影响。

1.3　养老风险的特征

1.3.1　必然性

个体的生老病死是自然界的客观规律，是不以人的意志为转移的，无论人们是否意识到或者在多大程度上意识到，它们都是实实在在存在着的客观风险，因此养老风险不是偶然和随机的，而是具有客观性和必然性。

1.3.2　社会性

养老风险与社会制度、政治制度密切相关，社会制度不同，政治制度不同，养老风险的结构就不同，养老风险的大小等也就会不同。

1.3.3　长期性

养老风险具有长期性特点。退休后，个体可能会面临几十年的养老生活，需要长期的风险管理和资金保障。

1.3.4　不可逆性

一旦进入老年阶段，养老风险就具有不可逆性。身体健康状况的下降、收入来源的减少等都很难在短期内逆转。

1.3.5　不确定性

养老风险的发生具有高度的不确定性，受到多种因素的影响，如个人健康状况、经济环境、政策变化等。养老规划需要考虑多种不确定因素的影响。

1.3.6　多样性

养老风险的种类繁多，包括经济风险、健康风险、政策风险等。这些风险相互交织，可能同时或先后发生，从而增加了养老规划的复杂性。

1.3.7　复杂性

养老风险管理涉及多个领域的知识和技能，包括财务规划、保险、医疗护理等。有效的养老风险管理需要多学科的综合运用和系统的规划。

1.4　养老风险的分类

1.4.1　经济风险

经济风险指退休后的收入不足以维持预期生活水平的风险，是最直接的养老风险类型。经济风险主要包括以下方面。

（1）收入替代率不足：退休后，通常无法完全依靠养老金或其他收入来源维持原有的生活水平。

（2）资产贬值：个人储蓄或投资在退休后可能因市场波动或经济危机而贬值。

（3）通货膨胀：生活成本的上涨可能会侵蚀退休储蓄的购买力。

1.4.2　健康风险

健康状况的恶化可能导致医疗和护理费用的增加，这种风险包括以下几个方面。

（1）疾病和慢性病：随着年龄增长，患病的概率增加，特别是慢性病如糖尿病、高血压等。

（2）意外事故：老年人由于身体功能的衰退，发生摔倒或其他意外的风险较高。

（3）长期护理需求：由于身体和认知功能的下降，可能需要长期护理，这对财务和家庭资源都是一种挑战。

1.4.3　社会风险

社会环境和政策变化带来的风险，包括以下几个方面。

（1）政策变化：政府养老金政策、医疗保险政策等的改变可能影响个人的养老规划。

（2）家庭结构变化：子女不在身边或家庭支持减弱，使得依靠家庭养老的风险增加。

（3）社会支持系统不足：社区养老资源不足或社会支持系统不完善，可能使得个人养老面临挑战。

1.4.4　法律风险

涉及法律权利和财产保护的风险，包括以下几个方面。

（1）遗产规划问题：缺乏有效的遗产规划可能导致财产分配纠纷。

（2）监护权纠纷：老年人可能因失去行为能力而面临监护权问题。

（3）合同和债务风险：老年人在签订合同或负债时可能受到欺诈或误导。

1.4.5　心理风险

心理健康和情感状态的风险，包括以下几个方面。

（1）孤独感和社会隔离：老年人由于身体状况或家庭结构的变化，可能面临社会隔离和孤独感。

（2）心理健康问题：抑郁、焦虑等心理问题在老年群体中较为常见。

1.5　养老风险的表现

1.5.1　国家视角

从国家层面来看，养老风险指的是在人口老龄化、少子化和未富先老的背景下，国家所面临的在养老金支付、卫生支出、社会安定等方面的不可预测性。

1. 代际人口失衡与劳动年龄人口减少

自 20 世纪 70 年代，我国实行计划生育政策以来，我们面临了人口结构的转变，即随着出生率的降低，老年人口的比例逐渐增高。这一现状导致财富创造者、服务业工作者、养老保险缴费者及老年照顾人员数量减少。抚养比则直观反映出老年人口与劳动力人口的比例。预计到 2050 年，我国抚养比将上升至 40% 以上，即每 2.5 个劳动力需赡养一位 65 岁以上的老人。

2. 社会保障负担加重

（1）养老金负担。我国自 1996 年起采用"统账结合"的养老保险制度，即"社会统筹加个人账户"，但实施一年后，就亏空巨大。这是因为："统筹账户"用于解决历史遗留的"老人"养老问题，用来支付当期养老金，但过去并没有个人的养老保险积累，因而存在"制度空账"问题；"个人账户"用于解决未来的个人养老储备和养老保险问题。但由于统筹账户收不抵支，因此个人账户的积累也被用来发放当期养老金,从而形成"个人空账"。

有学者估计在目前养老制度不变的情况下,往后的年份缺口将逐年放大,到 2033 年时养老金缺口将达到 68.2 万亿元。

此外,人口老龄化导致人口结构失衡,养老金缺口持续扩大。随着老年人口比例的提高及适龄劳动力的减少,养老金缴费者减少,而领取者增加,将引发巨大养老金缺口,使社会养老安全变得不可靠。部分养老保险获得者可能面临"老无所养"的风险。

(2)医疗负担。我们不仅应该追求活得长,更应该追求活得健康,但是,平均预期寿命的提高并不必然意味着健康预期寿命的增加。老年人口较长的带病期意味着需要消耗较多的医疗资源,不健康甚至失能老人的绝对规模是巨大的,因而对医疗资源、照料资源的消耗很大。一旦患上高血压、心脏病、糖尿病等慢性病,老年人就需要长期依赖药物、治疗仪器。

1.5.2　家庭及个人视角

从家庭层面来看,养老风险指的是在核心家庭成为主流、4-2-1 家庭结构成为典型家庭结构的背景下,照料老年人所面临的经济压力、健康成本及相关机会成本增大,以及由此导致的家庭子女在赡养老人时心有余而力不足的状态。

从个体层面来看,养老风险指的是在老年期,由于经济、健康、社会功能等方面的弱化,同时社会及家庭能够给予的支持不足,老年人在生活、心理、肌体健康等方面将面临的窘迫境况。

(1)独生子女家庭的养老风险。我国自 20 世纪 70 年代起,开始实行严格的计划生育政策,时至今日,第一批独生子女父母逐渐进入老年阶段,独生子女父母的养老问题日益成为焦点。

独生子女家庭本质上是"风险家庭",风险性就在于子女的唯一性。生育资源是最基本的养老资源,许多养老资源尤其是提供生活照料、精神慰藉的人力资源在很大程度上需由生育资源转换而来,而且子女发挥的生活照料功能和精神慰藉功能对于满足老人精神需求来说具有不可替代性。相较于多子女家庭多支柱的养老支持,独生子女家庭的养老支持具有唯一性,一旦独生子女面临迁移甚至遭遇伤病残亡,独生子女父母就缺乏可替代的养老支持。

(2)失独家庭的养老风险。近年来"失独者"一词频频见于报端。我们将"失独者"界定为在计划生育政策实施背景下,失去唯一孩子的独生子女父母,而这些父母已经错过生育年龄,此生无法再继续拥有具有血缘关系的子女。独生子女家庭可能遭遇的最为沉痛的风险是家庭中唯一的子女遭遇伤病残亡。

"失独"是养老风险最极端的表现。众所周知,独生子女的死亡,会使独生子女家庭面临经济投入零回收,并且对生活、生理和精神健康产生多重压力和打击。伴随着独生子女夭折人数和家庭数的逐年增多,失独家庭问题越来越突出。

(3)空巢家庭的养老风险。根据家庭生命周期理论,家庭生育的子女数量越少,家庭空巢期就越长,所以独生子女家庭是空巢家庭的高发群体。一旦独生子女家庭成为家庭中的主流,老年空巢家庭就会更多。

家庭居住安排的转变会削弱子女的养老功能,如果外界不能提供足够的支持,则势必加剧空巢老人的养老风险。老年空巢不可怕,可怕的是既空巢又空心,对于空巢老人来说,他们格外需要精神赡养和亲情滋养。

老年期是失能的高发期。一旦失能与空巢同时发生在老人身上,养老风险将是巨大的。老人失去自理能力,子女将会成为照料和护理老人的第一责任主体。一方面,居住空间上的分离、子女追求事业发展的同时又要照顾自己的家庭,不可避免地与照料失能父母相冲突。另一方面,失能老人需要的是专业的设备和护理服务,然而绝大多数子女并没有专业的照护背景,错误的护理方式可能会加重失能老人的痛苦。

可见空巢失能老人在生活照料等方面的需求很难从子女处获得满足,而社会能够给予的支持又不足以弥补,因而面临较大的养老风险。

(4)贫困老人的养老风险。经济状况越好的老年人抵御养老风险的能力越强,因为有较为充足的养老资金储备,有能力满足自身的日常生活所需,也可以通过购买服务的方式满足健康护理、精神慰藉等方面的需求。

贫困老人由于支付能力有限,在生活方式、摄取营养及医疗服务方面处于弱势,因此他们面临的养老风险要比富裕老人所面临的大得多。以医疗开支为例,作为老年人最重要的消费之一,即使医疗支出的总金额很小,对于贫穷老人来说也可能是一笔巨大的开支,致使他们陷入更加贫困的境地。

2. 常见的养老风险

2.1 长寿风险

2.1.1 长寿风险的概念

长寿风险是指人均寿命的增加导致退休人员可能活得比预期更久,从而面临养老资金不足的风险。随着全球卫生条件的改善和医疗技术的进步,预期寿命不断延长,长寿风险已成为与养老紧密相关的一种风险。

2025 年 3 月,根据国家卫生健康委员会主任介绍,2024 年中国居民的期望寿命已经达到了 79 岁,比 2023 年提高了 0.4 岁。中国人口平均寿命表现出明显的增长趋势,长寿风险也将成为中国政府、企业和个人所面临的一种日益严重的社会风险。

2.1.2 长寿风险对个人的影响

(1)经济压力增加:随着寿命的延长,个人需要更长时间的养老资金支持,如果没有足够的储蓄和投资收益,就可能导致晚年生活质量下降。

(2)医疗费用增加:长寿通常伴随着健康问题的增加,个人需要更多的医疗护理和支持,这也增加了经济负担。

2.1.3 长寿风险对社会的影响

(1)养老保障压力加大:随着长寿人口的增加,政府的养老金和医疗保障系统面临更大的压力,可能需要增加税收或调整政策以维持系统的可持续性。

(2)劳动市场变化:为应对长寿风险,许多国家推迟了退休年龄,这可能导致劳动力市场的变化,年轻人就业压力增大。

2.2 健康风险

2.2.1 健康风险的概念

健康风险是指老年人在退休后可能面临的健康问题和相关的医疗费用风险。随着年龄的增长,个体的健康状况通常会恶化,慢性病、残疾和认知障碍的风险增加,这些问题不仅影响个人的生活质量,还会带来巨大的经济负担。

《中国养老金融调查报告(2022)》显示,人们对退休后生活最多的担忧来自与健康相关的风险,因而需要在健康保障方面提早做好准备(见图 9-1)。

2.2.2 健康风险的种类

(1)慢性病风险:如高血压、糖尿病、心脏病等慢性病在老年人群中发病率较高,这些疾病需要长期治疗和管理。

(2)急性病风险:如中风、心肌梗死等急性病,虽然发病较少,但一旦发生就

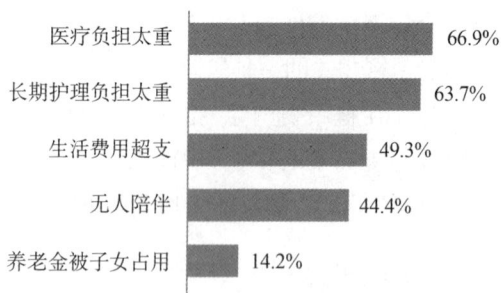

医疗负担太重   66.9%
长期护理负担太重   63.7%
生活费用超支   49.3%
无人陪伴   44.4%
养老金被子女占用   14.2%

图 9-1　最担心退休后遇到的三项风险

资料来源：董克用、姚余栋，《中国养老金融调查报告（2022）》，社会科学文献出版社，2022 年。

会带来高额的医疗费用。

（3）认知障碍风险：认知障碍风险是指老年人在认知能力方面可能出现的退化风险，这包括记忆力下降、判断力减弱和认知障碍等问题，以及老年痴呆症、阿尔茨海默病等。这类疾病不仅需要医疗支持，还需要长期护理和看护，费用更为昂贵。认知障碍风险在 80 岁以上的高龄老年人群中较为常见。

2.2.3　对医疗费用支出的担忧

医疗费用是退休后生活支出最重要的一项。在各项医疗费用支出中，74.5% 的受访者为退休后"大病"的费用表示担忧，分别有 70.0% 和 57.0% 的受访者为"慢病"或"护理"的费用表示担忧（见图 9-2）。

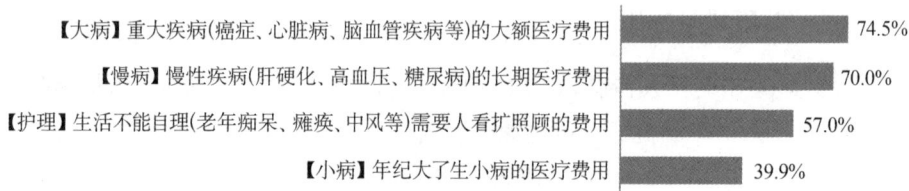

【大病】重大疾病(癌症、心脏病、脑血管疾病等)的大额医疗费用   74.5%
【慢病】慢性疾病(肝硬化、高血压、糖尿病)的长期医疗费用   70.0%
【护理】生活不能自理(老年痴呆、瘫痪、中风等)需要人看护照顾的费用   57.0%
【小病】年纪大了生小病的医疗费用   39.9%

图 9-2　最担心退休后发生医疗费用的类型

资料来源：董克用、姚余栋，《中国养老金融调查报告（2022）》，社会科学文献出版社，2022 年。

将生活支出和健康支出分别进行专项准备，有助于缓解年老体衰时医疗支出对退休生活造成的影响，大多数受访者认为有必要这样做，37.6% 的受访者表示"非常有必要"，43.8% 认为"比较有必要"。上述结果反映出人们对健康准备的认可度较高，大部分人已经认识到要为退休后健康保障提前做好准备（见图 9-3）。

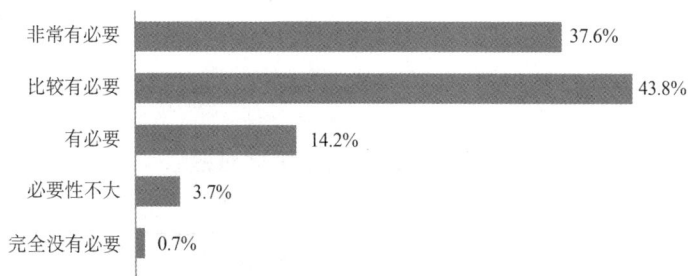

非常有必要　37.6%
比较有必要　43.8%
有必要　14.2%
必要性不大　3.7%
完全没有必要　0.7%

图 9-3　将退休后生活支出与健康支出分开进行专项准备的必要性
资料来源：董克用、姚余栋，《中国养老金融调查报告（2022）》，社会科学文献出版社，2022 年。

2.3　政策风险

2.3.1　政策风险的概念

政策风险是指由于政府养老政策和医疗保险政策的变化，可能对个人养老计划产生的影响。这种风险通常来自国家的经济状况、政治决策和社会保障制度的变化调整带来的影响。例如延迟退休、养老金待遇调整以及福利调整等方面的政策变化，都会对个人退休保障产生影响。

2.3.2　延迟退休政策

为了深入贯彻落实党中央关于渐进式延迟法定退休年龄的决策部署，适应我国人口发展新形势，充分开发利用人力资源，根据宪法，2024 年 9 月 13 日第十四届全国人民代表大会常务委员会第十一次会议决定：

"一、同步启动延迟男、女职工的法定退休年龄，用十五年时间，逐步将男职工的法定退休年龄从原六十周岁延迟至六十三周岁，将女职工的法定退休年龄从原五十周岁、五十五周岁分别延迟至五十五周岁、五十八周岁。

二、实施渐进式延迟法定退休年龄坚持小步调整、弹性实施、分类推进、统筹兼顾的原则。

三、各级人民政府应当积极应对人口老龄化，鼓励和支持劳动者就业创业，切实保障劳动者权益，协调推进养老托育等相关工作。

四、批准《国务院关于渐进式延迟法定退休年龄的办法》。国务院根据实际需要，可以对落实本办法进行补充和细化。

五、本决定自 2025 年 1 月 1 日起施行。第五届全国人民代表大会常务委员会第二次会议批准的《国务院关于安置老弱病残干部的暂行办法》和《国务院关于工人退休、退职的暂行办法》中有关退休年龄的规定不再施行。"

该决定的附件1~附件4如下。

附件1： **男职工延迟法定退休年龄对照表**

延迟法定退休年龄每4个月延迟1个月				延迟法定退休年龄每4个月延迟1个月			
出生时间	改革后法定退休年龄	改革后退休时间	延迟月数	出生时间	改革后法定退休年龄	改革后退休时间	延迟月数
1965年1月	60岁1个月	2025年2月	1	1966年9月	60岁6个月	2027年3月	6
1965年2月		2025年3月		1966年10月		2027年4月	
1965年3月		2025年4月		1966年11月		2027年5月	
1965年4月		2025年5月		1966年12月		2027年6月	
1965年5月	60岁2个月	2025年7月	2	1967年1月	60岁7个月	2027年8月	7
1965年6月		2025年8月		1967年2月		2027年9月	
1965年7月		2025年9月		1967年3月		2027年10月	
1965年8月		2025年10月		1967年4月		2027年11月	
1965年9月	60岁3个月	2025年12月	3	1967年5月	60岁8个月	2028年1月	8
1965年10月		2026年1月		1967年6月		2028年2月	
1965年11月		2026年2月		1967年7月		2028年3月	
1965年12月		2026年3月		1967年8月		2028年4月	
1966年1月	60岁4个月	2026年5月	4	1967年9月	60岁9个月	2028年6月	9
1966年2月		2026年6月		1967年10月		2028年7月	
1966年3月		2026年7月		1967年11月		2028年8月	
1966年4月		2026年8月		1967年12月		2028年9月	
1966年5月	60岁5个月	2026年10月	5	1968年1月	60岁10个月	2028年11月	10
1966年6月		2026年11月		1968年2月		2028年12月	
1966年7月		2026年12月		1968年3月		2029年1月	
1966年8月		2027年1月		1968年4月		2029年2月	

（续表）

延迟法定退休年龄每4个月延迟1个月				延迟法定退休年龄每4个月延迟1个月			
出生时间	改革后法定退休年龄	改革后退休时间	延迟月数	出生时间	改革后法定退休年龄	改革后退休时间	延迟月数
1968 年 5 月	60 岁 11 个月	2029 年 4 月	11	1970 年 5 月	61 岁 5 个月	2031 年 10 月	17
1968 年 6 月		2029 年 5 月		1970 年 6 月		2031 年 11 月	
1968 年 7 月		2029 年 6 月		1970 年 7 月		2031 年 12 月	
1968 年 8 月		2029 年 7 月		1970 年 8 月		2032 年 1 月	
1968 年 9 月	61 岁	2029 年 9 月	12	1970 年 9 月	61 岁 6 个月	2032 年 3 月	18
1968 年 10 月		2029 年 10 月		1970 年 10 月		2032 年 4 月	
1968 年 11 月		2029 年 11 月		1970 年 11 月		2032 年 5 月	
1968 年 12 月		2029 年 12 月		1970 年 12 月		2032 年 6 月	
1969 年 1 月	61 岁 1 个月	2030 年 2 月	13	1971 年 1 月	61 岁 7 个月	2032 年 8 月	19
1969 年 2 月		2030 年 3 月		1971 年 2 月		2032 年 9 月	
1969 年 3 月		2030 年 4 月		1971 年 3 月		2032 年 10 月	
1969 年 4 月		2030 年 5 月		1971 年 4 月		2032 年 11 月	
1969 年 5 月	61 岁 2 个月	2030 年 7 月	14	1971 年 5 月	61 岁 8 个月	2033 年 1 月	20
1969 年 6 月		2030 年 8 月		1971 年 6 月		2033 年 2 月	
1969 年 7 月		2030 年 9 月		1971 年 7 月		2033 年 3 月	
1969 年 8 月		2030 年 10 月		1971 年 8 月		2033 年 4 月	
1969 年 9 月	61 岁 3 个月	2030 年 12 月	15	1971 年 9 月	61 岁 9 个月	2033 年 6 月	21
1969 年 10 月		2031 年 1 月		1971 年 10 月		2033 年 7 月	
1969 年 11 月		2031 年 2 月		1971 年 11 月		2033 年 8 月	
1969 年 12 月		2031 年 3 月		1971 年 12 月		2033 年 9 月	
1970 年 1 月	61 岁 4 个月	2031 年 5 月	16	1972 年 1 月	61 岁 10 个月	2033 年 11 月	22
1970 年 2 月		2031 年 6 月		1972 年 2 月		2033 年 12 月	
1970 年 3 月		2031 年 7 月		1972 年 3 月		2034 年 1 月	
1970 年 4 月		2031 年 8 月		1972 年 4 月		2034 年 2 月	

（续表）

延迟法定退休年龄每4个月延迟1个月				延迟法定退休年龄每4个月延迟1个月			
出生时间	改革后法定退休年龄	改革后退休时间	延迟月数	出生时间	改革后法定退休年龄	改革后退休时间	延迟月数
1972 年 5 月	61 岁 11 个月	2034 年 4 月	23	1974 年 5 月	62 岁 5 个月	2036 年 10 月	29
1972 年 6 月		2034 年 5 月		1974 年 6 月		2036 年 11 月	
1972 年 7 月		2034 年 6 月		1974 年 7 月		2036 年 12 月	
1972 年 8 月		2034 年 7 月		1974 年 8 月		2037 年 1 月	
1972 年 9 月	62 岁	2034 年 9 月	24	1974 年 9 月	62 岁 6 个月	2037 年 3 月	30
1972 年 10 月		2034 年 10 月		1974 年 10 月		2037 年 4 月	
1972 年 11 月		2034 年 11 月		1974 年 11 月		2037 年 5 月	
1972 年 12 月		2034 年 12 月		1974 年 12 月		2037 年 6 月	
1973 年 1 月	62 岁 1 个月	2035 年 2 月	25	1975 年 1 月	62 岁 7 个月	2037 年 8 月	31
1973 年 2 月		2035 年 3 月		1975 年 2 月		2037 年 9 月	
1973 年 3 月		2035 年 4 月		1975 年 3 月		2037 年 10 月	
1973 年 4 月		2035 年 5 月		1975 年 4 月		2037 年 11 月	
1973 年 5 月	62 岁 2 个月	2035 年 7 月	26	1975 年 5 月	62 岁 8 个月	2038 年 1 月	32
1973 年 6 月		2035 年 8 月		1975 年 6 月		2038 年 2 月	
1973 年 7 月		2035 年 9 月		1975 年 7 月		2038 年 3 月	
1973 年 8 月		2035 年 10 月		1975 年 8 月		2038 年 4 月	
1973 年 9 月	62 岁 3 个月	2035 年 12 月	27	1975 年 9 月	62 岁 9 个月	2038 年 6 月	33
1973 年 10 月		2036 年 1 月		1975 年 10 月		2038 年 7 月	
1973 年 11 月		2036 年 2 月		1975 年 11 月		2038 年 8 月	
1973 年 12 月		2036 年 3 月		1975 年 12 月		2038 年 9 月	
1974 年 1 月	62 岁 4 个月	2036 年 5 月	28	1976 年 1 月	62 岁 10 个月	2038 年 11 月	34
1974 年 2 月		2036 年 6 月		1976 年 2 月		2038 年 12 月	
1974 年 3 月		2036 年 7 月		1976 年 3 月		2039 年 1 月	
1974 年 4 月		2036 年 8 月		1976 年 4 月		2039 年 2 月	

（续表）

延迟法定退休年龄每 4 个月延迟 1 个月				延迟法定退休年龄每 4 个月延迟 1 个月			
出生时间	改革后法定退休年龄	改革后退休时间	延迟月数	出生时间	改革后法定退休年龄	改革后退休时间	延迟月数
1976 年 5 月	62 岁 11 个月	2039 年 4 月	35	1976 年 9 月	63 岁	2039 年 9 月	36
1976 年 6 月		2039 年 5 月		1976 年 10 月		2039 年 10 月	
1976 年 7 月		2039 年 6 月		1976 年 11 月		2039 年 11 月	
1976 年 8 月		2039 年 7 月		1976 年 12 月		2039 年 12 月	

附件 2：　原法定退休年龄五十五周岁的女职工延迟法定退休年龄对照表

延迟法定退休年龄每 4 个月延迟 1 个月				延迟法定退休年龄每 4 个月延迟 1 个月			
出生时间	改革后法定退休年龄	改革后退休时间	延迟月数	出生时间	改革后法定退休年龄	改革后退休时间	延迟月数
1970 年 1 月	55 岁 1 个月	2025 年 2 月	1	1971 年 5 月	55 岁 5 个月	2026 年 10 月	5
1970 年 2 月		2025 年 3 月		1971 年 6 月		2026 年 11 月	
1970 年 3 月		2025 年 4 月		1971 年 7 月		2026 年 12 月	
1970 年 4 月		2025 年 5 月		1971 年 8 月		2027 年 1 月	
1970 年 5 月	55 岁 2 个月	2025 年 7 月	2	1971 年 9 月	55 岁 6 个月	2027 年 3 月	6
1970 年 6 月		2025 年 8 月		1971 年 10 月		2027 年 4 月	
1970 年 7 月		2025 年 9 月		1971 年 11 月		2027 年 5 月	
1970 年 8 月		2025 年 10 月		1971 年 12 月		2027 年 6 月	
1970 年 9 月	55 岁 3 个月	2025 年 12 月	3	1972 年 1 月	55 岁 7 个月	2027 年 8 月	7
1970 年 10 月		2026 年 1 月		1972 年 2 月		2027 年 9 月	
1970 年 11 月		2026 年 2 月		1972 年 3 月		2027 年 10 月	
1970 年 12 月		2026 年 3 月		1972 年 4 月		2027 年 11 月	
1971 年 1 月	55 岁 4 个月	2026 年 5 月	4	1972 年 5 月	55 岁 8 个月	2028 年 1 月	8
1971 年 2 月		2026 年 6 月		1972 年 6 月		2028 年 2 月	
1971 年 3 月		2026 年 7 月		1972 年 7 月		2028 年 3 月	
1971 年 4 月		2026 年 8 月		1972 年 8 月		2028 年 4 月	

延迟法定退休年龄每 4 个月延迟 1 个月				延迟法定退休年龄每 4 个月延迟 1 个月			
出生时间	改革后法定退休年龄	改革后退休时间	延迟月数	出生时间	改革后法定退休年龄	改革后退休时间	延迟月数
1972 年 9 月	55 岁 9 个月	2028 年 6 月	9	1974 年 9 月	56 岁 3 个月	2030 年 12 月	15
1972 年 10 月		2028 年 7 月		1974 年 10 月		2031 年 1 月	
1972 年 11 月		2028 年 8 月		1974 年 11 月		2031 年 2 月	
1972 年 12 月		2028 年 9 月		1974 年 12 月		2031 年 3 月	
1973 年 1 月	55 岁 10 个月	2028 年 11 月	10	1975 年 1 月	56 岁 4 个月	2031 年 5 月	16
1973 年 2 月		2028 年 12 月		1975 年 2 月		2031 年 6 月	
1973 年 3 月		2029 年 1 月		1975 年 3 月		2031 年 7 月	
1973 年 4 月		2029 年 2 月		1975 年 4 月		2031 年 8 月	
1973 年 5 月	55 岁 11 个月	2029 年 4 月	11	1975 年 5 月	56 岁 5 个月	2031 年 10 月	17
1973 年 6 月		2029 年 5 月		1975 年 6 月		2031 年 11 月	
1973 年 7 月		2029 年 6 月		1975 年 7 月		2031 年 12 月	
1973 年 8 月		2029 年 7 月		1975 年 8 月		2032 年 1 月	
1973 年 9 月	56 岁	2029 年 9 月	12	1975 年 9 月	56 岁 6 个月	2032 年 3 月	18
1973 年 10 月		2029 年 10 月		1975 年 10 月		2032 年 4 月	
1973 年 11 月		2029 年 11 月		1975 年 11 月		2032 年 5 月	
1973 年 12 月		2029 年 12 月		1975 年 12 月		2032 年 6 月	
1974 年 1 月	56 岁 1 个月	2030 年 2 月	13	1976 年 1 月	56 岁 7 个月	2032 年 8 月	19
1974 年 2 月		2030 年 3 月		1976 年 2 月		2032 年 9 月	
1974 年 3 月		2030 年 4 月		1976 年 3 月		2032 年 10 月	
1974 年 4 月		2030 年 5 月		1976 年 4 月		2032 年 11 月	
1974 年 5 月	56 岁 2 个月	2030 年 7 月	14	1976 年 5 月	56 岁 8 个月	2033 年 1 月	20
1974 年 6 月		2030 年 8 月		1976 年 6 月		2033 年 2 月	
1974 年 7 月		2030 年 9 月		1976 年 7 月		2033 年 3 月	
1974 年 8 月		2030 年 10 月		1976 年 8 月		2033 年 4 月	

（续表）

延迟法定退休年龄每 4 个月延迟 1 个月				延迟法定退休年龄每 4 个月延迟 1 个月			
出生时间	改革后法定退休年龄	改革后退休时间	延迟月数	出生时间	改革后法定退休年龄	改革后退休时间	延迟月数
1976 年 9 月	56 岁 9 个月	2033 年 6 月	21	1978 年 9 月	57 岁 3 个月	2035 年 12 月	27
1976 年 10 月		2033 年 7 月		1978 年 10 月		2036 年 1 月	
1976 年 11 月		2033 年 8 月		1978 年 11 月		2036 年 2 月	
1976 年 12 月		2033 年 9 月		1978 年 12 月		2036 年 3 月	
1977 年 1 月	56 岁 10 个月	2033 年 11 月	22	1979 年 1 月	57 岁 4 个月	2036 年 5 月	28
1977 年 2 月		2033 年 12 月		1979 年 2 月		2036 年 6 月	
1977 年 3 月		2034 年 1 月		1979 年 3 月		2036 年 7 月	
1977 年 4 月		2034 年 2 月		1979 年 4 月		2036 年 8 月	
1977 年 5 月	56 岁 11 个月	2034 年 4 月	23	1979 年 5 月	57 岁 5 个月	2036 年 10 月	29
1977 年 6 月		2034 年 5 月		1979 年 6 月		2036 年 11 月	
1977 年 7 月		2034 年 6 月		1979 年 7 月		2036 年 12 月	
1977 年 8 月		2034 年 7 月		1979 年 8 月		2037 年 1 月	
1977 年 9 月	57 岁	2034 年 9 月	24	1979 年 9 月	57 岁 6 个月	2037 年 3 月	30
1977 年 10 月		2034 年 10 月		1979 年 10 月		2037 年 4 月	
1977 年 11 月		2034 年 11 月		1979 年 11 月		2037 年 5 月	
1977 年 12 月		2034 年 12 月		1979 年 12 月		2037 年 6 月	
1978 年 1 月	57 岁 1 个月	2035 年 2 月	25	1980 年 1 月	57 岁 7 个月	2037 年 8 月	31
1978 年 2 月		2035 年 3 月		1980 年 2 月		2037 年 9 月	
1978 年 3 月		2035 年 4 月		1980 年 3 月		2037 年 10 月	
1978 年 4 月		2035 年 5 月		1980 年 4 月		2037 年 11 月	
1978 年 5 月	57 岁 2 个月	2035 年 7 月	26	1980 年 5 月	57 岁 8 个月	2038 年 1 月	32
1978 年 6 月		2035 年 8 月		1980 年 6 月		2038 年 2 月	
1978 年 7 月		2035 年 9 月		1980 年 7 月		2038 年 3 月	
1978 年 8 月		2035 年 10 月		1980 年 8 月		2038 年 4 月	

（续表）

延迟法定退休年龄每 4 个月延迟 1 个月				延迟法定退休年龄每 4 个月延迟 1 个月			
出生时间	改革后法定退休年龄	改革后退休时间	延迟月数	出生时间	改革后法定退休年龄	改革后退休时间	延迟月数
1980 年 9 月	57 岁 9 个月	2038 年 6 月	33	1981 年 5 月	57 岁 11 个月	2039 年 4 月	35
1980 年 10 月		2038 年 7 月		1981 年 6 月		2039 年 5 月	
1980 年 11 月		2038 年 8 月		1981 年 7 月		2039 年 6 月	
1980 年 12 月		2038 年 9 月		1981 年 8 月		2039 年 7 月	
1981 年 1 月	57 岁 10 个月	2038 年 11 月	34	1981 年 9 月	58 岁	2039 年 9 月	36
1981 年 2 月		2038 年 12 月		1981 年 10 月		2039 年 10 月	
1981 年 3 月		2039 年 1 月		1981 年 11 月		2039 年 11 月	
1981 年 4 月		2039 年 2 月		1981 年 12 月		2039 年 12 月	

附件 3： **原法定退休年龄五十周岁的女职工延迟法定退休年龄对照表**

延迟法定退休年龄每 2 个月延迟 1 个月				延迟法定退休年龄每 2 个月延迟 1 个月			
出生时间	改革后法定退休年龄	改革后退休时间	延迟月数	出生时间	改革后法定退休年龄	改革后退休时间	延迟月数
1975 年 1 月	50 岁 1 个月	2025 年 2 月	1	1976 年 1 月	50 岁 7 个月	2026 年 8 月	7
1975 年 2 月		2025 年 3 月		1976 年 2 月		2026 年 9 月	
1975 年 3 月	50 岁 2 个月	2025 年 5 月	2	1976 年 3 月	50 岁 8 个月	2026 年 11 月	8
1975 年 4 月		2025 年 6 月		1976 年 4 月		2026 年 12 月	
1975 年 5 月	50 岁 3 个月	2025 年 8 月	3	1976 年 5 月	50 岁 9 个月	2027 年 2 月	9
1975 年 6 月		2025 年 9 月		1976 年 6 月		2027 年 3 月	
1975 年 7 月	50 岁 4 个月	2025 年 11 月	4	1976 年 7 月	50 岁 10 个月	2027 年 5 月	10
1975 年 8 月		2025 年 12 月		1976 年 8 月		2027 年 6 月	
1975 年 9 月	50 岁 5 个月	2026 年 2 月	5	1976 年 9 月	50 岁 11 个月	2027 年 8 月	11
1975 年 10 月		2026 年 3 月		1976 年 10 月		2027 年 9 月	
1975 年 11 月	50 岁 6 个月	2026 年 5 月	6	1976 年 11 月	51 岁	2027 年 11 月	12
1975 年 12 月		2026 年 6 月		1976 年 12 月		2027 年 12 月	

（续表）

延迟法定退休年龄每2个月延迟1个月				延迟法定退休年龄每2个月延迟1个月			
出生时间	改革后法定退休年龄	改革后退休时间	延迟月数	出生时间	改革后法定退休年龄	改革后退休时间	延迟月数
1977 年 1 月	51 岁 1 个月	2028 年 2 月	13	1979 年 1 月	52 岁 1 个月	2031 年 2 月	25
1977 年 2 月		2028 年 3 月		1979 年 2 月		2031 年 3 月	
1977 年 3 月	51 岁 2 个月	2028 年 5 月	14	1979 年 3 月	52 岁 2 个月	2031 年 5 月	26
1977 年 4 月		2028 年 6 月		1979 年 4 月		2031 年 6 月	
1977 年 5 月	51 岁 3 个月	2028 年 8 月	15	1979 年 5 月	52 岁 3 个月	2031 年 8 月	27
1977 年 6 月		2028 年 9 月		1979 年 6 月		2031 年 9 月	
1977 年 7 月	51 岁 4 个月	2028 年 11 月	16	1979 年 7 月	52 岁 4 个月	2031 年 11 月	28
1977 年 8 月		2028 年 12 月		1979 年 8 月		2031 年 12 月	
1977 年 9 月	51 岁 5 个月	2029 年 2 月	17	1979 年 9 月	52 岁 5 个月	2032 年 2 月	29
1977 年 10 月		2029 年 3 月		1979 年 10 月		2032 年 3 月	
1977 年 11 月	51 岁 6 个月	2029 年 5 月	18	1979 年 11 月	52 岁 6 个月	2032 年 5 月	30
1977 年 12 月		2029 年 6 月		1979 年 12 月		2032 年 6 月	
1978 年 1 月	51 岁 7 个月	2029 年 8 月	19	1980 年 1 月	52 岁 7 个月	2032 年 8 月	31
1978 年 2 月		2029 年 9 月		1980 年 2 月		2032 年 9 月	
1978 年 3 月	51 岁 8 个月	2029 年 11 月	20	1980 年 3 月	52 岁 8 个月	2032 年 11 月	32
1978 年 4 月		2029 年 12 月		1980 年 4 月		2032 年 12 月	
1978 年 5 月	51 岁 9 个月	2030 年 2 月	21	1980 年 5 月	52 岁 9 个月	2033 年 2 月	33
1978 年 6 月		2030 年 3 月		1980 年 6 月		2033 年 3 月	
1978 年 7 月	51 岁 10 个月	2030 年 5 月	22	1980 年 7 月	52 岁 10 个月	2033 年 5 月	34
1978 年 8 月		2030 年 6 月		1980 年 8 月		2033 年 6 月	
1978 年 9 月	51 岁 11 个月	2030 年 8 月	23	1980 年 9 月	52 岁 11 个月	2033 年 8 月	35
1978 年 10 月		2030 年 9 月		1980 年 10 月		2033 年 9 月	
1978 年 11 月	52 岁	2030 年 11 月	24	1980 年 11 月	53 岁	2033 年 11 月	36
1978 年 12 月		2030 年 12 月		1980 年 12 月		2033 年 12 月	

（续表）

延迟法定退休年龄每 2 个月延迟 1 个月				延迟法定退休年龄每 2 个月延迟 1 个月			
出生时间	改革后法定退休年龄	改革后退休时间	延迟月数	出生时间	改革后法定退休年龄	改革后退休时间	延迟月数
1981 年 1 月	53 岁 1 个月	2034 年 2 月	37	1983 年 1 月	54 岁 1 个月	2037 年 2 月	49
1981 年 2 月		2034 年 3 月		1983 年 2 月		2037 年 3 月	
1981 年 3 月	53 岁 2 个月	2034 年 5 月	38	1983 年 3 月	54 岁 2 个月	2037 年 5 月	50
1981 年 4 月		2034 年 6 月		1983 年 4 月		2037 年 6 月	
1981 年 5 月	53 岁 3 个月	2034 年 8 月	39	1983 年 5 月	54 岁 3 个月	2037 年 8 月	51
1981 年 6 月		2034 年 9 月		1983 年 6 月		2037 年 9 月	
1981 年 7 月	53 岁 4 个月	2034 年 11 月	40	1983 年 7 月	54 岁 4 个月	2037 年 11 月	52
1981 年 8 月		2034 年 12 月		1983 年 8 月		2037 年 12 月	
1981 年 9 月	53 岁 5 个月	2035 年 2 月	41	1983 年 9 月	54 岁 5 个月	2038 年 2 月	53
1981 年 10 月		2035 年 3 月		1983 年 10 月		2038 年 3 月	
1981 年 11 月	53 岁 6 个月	2035 年 5 月	42	1983 年 11 月	54 岁 6 个月	2038 年 5 月	54
1981 年 12 月		2035 年 6 月		1983 年 12 月		2038 年 6 月	
1982 年 1 月	53 岁 7 个月	2035 年 8 月	43	1984 年 1 月	54 岁 7 个月	2038 年 8 月	55
1982 年 2 月		2035 年 9 月		1984 年 2 月		2038 年 9 月	
1982 年 3 月	53 岁 8 个月	2035 年 11 月	44	1984 年 3 月	54 岁 8 个月	2038 年 11 月	56
1982 年 4 月		2035 年 12 月		1984 年 4 月		2038 年 12 月	
1982 年 5 月	53 岁 9 个月	2036 年 2 月	45	1984 年 5 月	54 岁 9 个月	2039 年 2 月	57
1982 年 6 月		2036 年 3 月		1984 年 6 月		2039 年 3 月	
1982 年 7 月	53 岁 10 个月	2036 年 5 月	46	1984 年 7 月	54 岁 10 个月	2039 年 5 月	58
1982 年 8 月		2036 年 6 月		1984 年 8 月		2039 年 6 月	
1982 年 9 月	53 岁 11 个月	2036 年 8 月	47	1984 年 9 月	54 岁 11 个月	2039 年 8 月	59
1982 年 10 月		2036 年 9 月		1984 年 10 月		2039 年 9 月	
1982 年 11 月	54 岁	2036 年 11 月	48	1984 年 11 月	55 岁	2039 年 11 月	60
1982 年 12 月		2036 年 12 月		1984 年 12 月		2039 年 12 月	

附件 4：　　　　　　　　**提高最低缴费年限情况表**

年份	当年最低缴费年限
2025 年	15 年
2026 年	15 年
2027 年	15 年
2028 年	15 年
2029 年	15 年
2030 年	15 年 + 6 个月
2031 年	16 年
2032 年	16 年 + 6 个月
2033 年	17 年
2034 年	17 年 + 6 个月
2035 年	18 年
2036 年	18 年 + 6 个月
2037 年	19 年
2038 年	19 年 + 6 个月
2039 年	20 年

2.4　市场风险

2.4.1　市场风险的概念

市场风险主要是指个人进行养老储蓄、投资理财时面临的金融市场不确定性风险。从长期看，随着经济增速的下调，债券利率下降，资本市场波动性较大，金融资产投资面临回报率下降的系统性风险。同时，房价走势的不确定性也会影响"以房养老"的可行性。

市场风险的来源多种多样，不仅包括投资风险和通胀风险，还包括利率风险、汇率风险等。这些风险交织在一起，可能在特定经济条件下同时影响个人的养老资金。因此，在进行养老规划时，必须全面考虑市场风险，并制定多元化的风险管理策略。

2.4.2 投资风险

投资风险是指由于金融市场波动，个人养老资金的投资收益可能无法达到预期，甚至出现亏损的风险。这种风险对依赖投资收益作为主要养老资金来源的退休人员影响尤为显著。

通过多元化投资，可以降低单一资产波动对投资组合的影响，减少市场风险。另外，根据市场变化和个人需求，定期调整投资组合的配置比例，以确保投资风险与收益相匹配。

2.4.3 通胀风险

通胀风险是指因物价水平持续上涨导致个人养老金的实际购买力下降的风险。通胀风险对退休后收入固定的老年人影响较大。

物价每年都是上涨的，这是经济发展过程中必然伴随的现象。物价的上涨会直接导致将来的养老生活支出不断增加。

以 1987 年 6 月的 100 元作为基准，它的购买力到了 2019 年的 6 月，只相当于 22.6 元。

20 世纪 80 年代初，总家产超过 1 万元人民币的家庭，被称为"万元户"，被大家敬仰、羡慕。有人或许会认为，有了家产 1 万元，这辈子全家人无忧了。但 40 年后就会发现，1 万元连全家 2~3 个月的生活费都紧张。如果三十年后你还想要过相同的生活，就要支出 5 倍的货币，这就是通货膨胀的威力。

如果考虑到战争、动乱、经济危机，则大城市不动产的安全性要显著高于金融资产。但不动产也不是绝对安全的，如果被战争摧毁，或者被没收，也会血本无归。岁月似流沙，不仅"人何以堪"，财富更是如此，安全传承难度很大。

购买通胀指数债券或实物资产，可以在一定程度上对冲通胀风险，保护养老金的实际购买力。

2.4.4 利率风险

一方面我们的支出在增加，另一方面手中的资产保值增值能力却在减弱。我国自 1990 年以来，人民银行存款基准利率是不断下行的（见图 9-4），这也是一种正常现象，只要 GDP 不断增长，利率就会不断下调。这一点从发达国家也能看出来，西方的一些发达国家，利率都非常低，美元接近 0 利率，欧元、日元已经达到了负利率（见图 9-5）。未来我国的利率是否会继续下行，应该说是大概率事件。

原中央银行行长周小川在出席 2019 年创新经济论坛时曾表示："中国可以尽量避免快速地进入负利率时代。"他对利率长期下行的趋势做了相对明确的表示。究其原因，利率不断下行，与中国经济增速逐步放缓、贷款利率逐步下降是有强关联的。

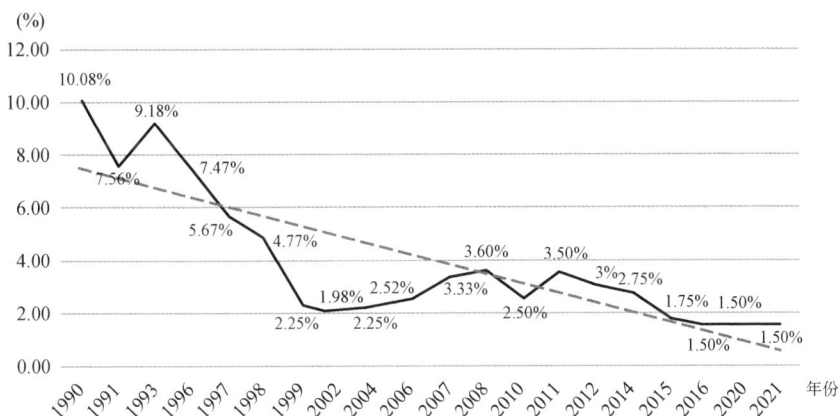

图 9-4 1990—2021 年我国一年期存款基准利率变化
资料来源：中国人民银行。

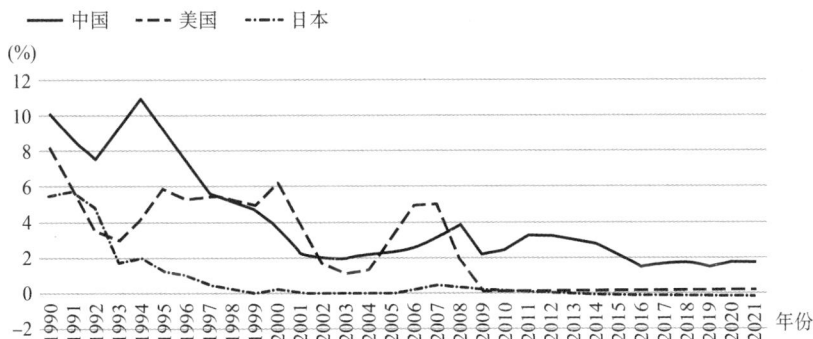

图 9-5 1990—2021 年一年期存款利率国际对比
资料来源：Wind。

国家在经济发展初期，经济上行期的各行各业都需要大量贷款进行业务扩展，这个阶段的贷款利率高，存款的利率也高。在这个阶段，体制内很多"下海经商"

的人创造了大量的财富。

在中国的经济完成了从 0 到 1 的飞跃阶段后，经济发展速度开始放缓，企业没有过去那么能赚钱了。企业的扩张意愿逐渐降低之后，居民的收入也会降低，消费随之下降，经济发展的速度也更缓慢了。

为了促进经济的发展，降低企业经营的压力，央行就会降低银行的贷款利率。比如国家为了扶持中小企业的发展，不断为中小企业提供很多低利率甚至 0 利率的企业贷款。

银行的贷款利率下降之后，存款利率也随之下降。央行通过降低存款利息，来降低大家的存款意愿，鼓励老百姓通过扩大消费来促进经济的增长。

央行降息后，不仅会引导存贷款利率下降，而且会引导其他利率下降。比如债券的利率，此时债券以及将债券作为主要投资对象的投资产品，收益率就可能会下降，包括债券基金、大部分的银行理财等。

无风险利率持续下降也是一种风险，25 年前大家习惯了 10.89% 的利率；15 年前会习惯 8%；现在习惯了 2.5%；5 年后可能要试着习惯 1%；未来的某一天，可能不得不接受 0 利率甚至负利率。因此，通过养老规划"锁定利率"是十分必要的。

3. 养老风险管理

3.1 养老风险管理概述

养老风险管理是一个多维度、系统性的过程，它涉及通过科学的规划和合理的策略，预防和应对退休后可能出现的各种风险，以保障老年人的生活质量和经济安全。这一过程包括风险识别、风险评估、风险控制和风险转移等多个环节。

（1）风险识别：识别退休后可能面临的各种风险，包括经济风险、健康风险、社会风险等。

（2）风险评估：评估各种风险的可能性和潜在影响，确定风险的优先级和应对策略。

（3）风险控制：通过合理的规划和管理，减少和控制风险的发生概率和影响程度。

（4）风险转移：通过保险等工具，将部分风险转移给保险公司或其他机构，以减少个人和家庭的风险承担。

3.2　养老风险管理的准备

有保障的老有所养的判定标准是养老资源和养老资产的总和能够弥补和超越养老成本和养老风险的总和。成功老龄化的意义就是家庭及个人积累养老资源（健康、人力、关系），以降低养老成本；政府、企业、市场、个人、家庭共同打造养老资产（房产、储蓄、土地），以使养老资产最大化、养老风险最小化。可见，养老风险管理的主体应该包括政府、社会、家庭以及个人。

（1）人力准备：保证年轻人口的充足供给，这涉及宏观的财富创造和微观的照料支持，生育权的还权于民是最为重要且特殊的规避养老风险的保障形式。

（2）制度准备：建立、健全老龄政策，保障老有所依，鼓励老有所为，发展老有所乐，实现老有所成。

（3）健康准备：从出生期开始就为延长健康寿命、缩短带病期做准备，倡导科学的生活方式，重视疾病预防。

（4）文化准备：倡导健康老龄化、积极老龄化和和谐老龄化，最终实现成功老龄化和幸福老龄化。

3.3　养老风险管理的策略

针对不同类型的养老风险，可以采取以下多种管理策略。

3.3.1　经济风险管理策略

（1）退休规划：提前制定退休规划，合理安排储蓄和投资，确保退休后的收入来源。

（2）购买养老保险：通过购买养老保险产品，如年金保险、长期护理保险等，转移部分经济风险。

（3）多样化投资：采用多样化投资策略，降低投资风险，提高退休资金的安全性和收益率。

3.3.2　健康风险管理策略

（1）健康管理：加强健康管理和疾病预防，定期体检，及早发现和治疗疾病。

（2）长期护理规划：提前规划长期护理需求，购买长期护理保险，减轻未来的护理负担。

（3）生活方式调整：通过合理的饮食、运动和心理健康管理，保持良好的身体和精神状态。

3.3.3　社会风险管理策略

（1）社会参与：积极参与社会活动，建立和维护社会关系，减少社会孤立和心理健康问题。

（2）家庭支持：加强家庭沟通和支持，建立多代同堂的家庭支持系统。

（3）法律规划：通过制定遗产规划、监护安排等法律文件，保障老年人权益和财产安全。

3.4　保险产品在养老风险管理中的应用

保险产品在养老风险管理中扮演着重要角色。它们通过提供财务保障，帮助个人和家庭应对各种养老风险。

3.4.1　年金保险

年金保险，也称长寿保险，是专门为应对长寿风险而设计的保险产品。它通过定期向被保险人支付养老金，确保其在退休后有稳定的收入来源。年金保险的特点如下。

（1）终身支付：年金保险通常在被保险人达到特定年龄后开始支付，一直持续到其去世为止。这样的结构可以有效应对长寿风险，确保被保险人不会因为活得太久而面临资金短缺的问题。

（2）固定收益或变动收益：年金保险可以分为固定年金和变动年金。固定年金提供确定的收益率，适合厌恶风险的投资者；变动年金则根据投资组合的表现支付收益，适合风险承受能力较高的投资者。

（3）通胀保护：一些年金保险产品提供通胀保护，即年金支付金额会根据通胀率进行调整，以保持购买力。

3.4.2　健康保险

健康保险是指通过支付保费，由保险公司承担被保险人因疾病或意外事故所产生的医疗费用。健康保险可以有效管理健康风险，减轻个人和家庭的经济负担。健康保险的类型如下。

（1）基本医疗保险：覆盖住院、手术、门诊等常规医疗费用，通常由国家或企业提供。它是最基础的医疗保险，适用于所有人群。

（2）重大疾病保险：针对特定重大疾病（如癌症、心脏病等）提供一次性或分期的赔付金，用于支付治疗费用或弥补收入损失。

（3）长期护理保险：针对老年人因失能或重大疾病需要长期护理的情况，提供护理费用保障。该保险覆盖范围包括居家护理、日间护理、护理院等。

3.4.3　失能收入保险

失能收入保险是指在被保险人因疾病或意外导致失能，无法继续工作时，由保险公司支付其部分或全部收入的保险。这种保险可以有效应对因健康风险导致的收入损失。失能收入保险的特点如下。

（1）替代收入：失能收入保险通常按照被保险人工作前的收入水平，支付一定比例的赔偿金，帮助其维持基本生活水平。

（2）等待期和赔付期：等待期是指从被保险人失能到开始赔付的时间；赔付期是指保险公司支付赔偿金的时间长度，通常与被保险人恢复工作的时间相匹配。

（3）全失能和部分失能：失能收入保险可以针对全失能（完全丧失工作能力）或部分失能（部分丧失工作能力）提供不同的赔偿。

3.5　养老规划师在养老风险管理中的角色

养老规划师在养老风险管理中扮演着重要的角色，他们通过专业知识和技能，帮助客户制定和实施有效的养老规划策略。

（1）评估客户需求：养老规划师通过与客户的沟通，了解客户的财务状况、生活需求和风险偏好，评估其养老需求。

（2）制定养老规划：根据客户的需求和风险评估，养老规划师制定具体的养老规划方案，包括储蓄计划、投资策略和保险安排。

（3）管理风险与调整策略：养老规划师帮助客户管理和减轻养老风险，定期检查和调整养老规划策略，以适应变化的市场环境和客户需求。

（4）提供持续支持：养老规划师提供持续的支持和服务，包括定期跟进客户的财务状况、提供市场动态分析和调整建议。

第 10 章

养老金融产品

导读

　　在人口老龄化趋势日益显著的今天，养老问题已成为社会各界关注的焦点。随着生活水平的提升和医疗条件的改善，人们对晚年生活的质量有了更高的期待。养老金融，作为支撑这一愿景的重要基石，正逐步走进千家万户，成为每个人规划未来、实现安心养老的必修课。

　　根据国家卫健委的预测，到2035年，我国60岁及以上的老年人口将超过4亿，占总人口的30%以上，进入重度老龄化阶段。这一庞大的老年群体对养老金融服务的需求日益增长，不再局限于基本的生活保障，而是更加注重健康保养、社交旅游、文化娱乐等多方面的消费需求。同时，他们对品牌、品质和体验的更高要求，推动了养老金融市场的快速扩张。

　　当前，我国正致力于构建多层次、多支柱的养老保险体系。其中，作为第三支柱的个人养老金制度已试点实施，并取得初步成效。未来，随着政策的进一步推动，个人养老金市场将迎来更大的发展机遇。

　　多样化、高质量的养老需求吸引了大量社会资本和企业参与养老产业。金融机构通过为养老产业提供投融资支持，促进了养老服务业的健康发展。个人养老金保险产品因其穿越经济周期、锁定未来长期收益的特点，将在市场中展现出独特优势。

　　随着金融科技的发展，养老金融产品将更加智能化、个性化。通过大数据、人工智能等技术手段，金融机构可以精准分析老年客户的需求，提供定制化的金融产品和服务。

　　养老金融产品作为应对人口老龄化的重要手段之一，其发展前景广阔。未来，随着政策的进一步推动和市场的不断成熟，养老金融产品将更加多样化、个性化，能为老年人提供更加全面、便捷的财务规划和保障方案。同时，金融机构也需要不断创新产品和服务模式，以适应市场需求的变化，推动养老金融市场的健康发展。

　　未来5~10年，中国老年人口数量快速增加将带来老年消费增长和养老产业的快速扩容。同时，失衡的养老金结构也增加了对个人养老金融服务的需求，为老年人提供资产保值增值的养老金融服务将迎来快速增长期。

1. 养老金融概述

1.1　养老金融的定义

养老金融是指为了应对老龄化挑战，围绕社会成员的各种养老需求所进行的金融活动的总和。这一概念体系包括养老金金融、养老服务金融和养老产业金融，分别指的是以储蓄制度化养老金、满足养老需求的消费和财富积累以及为相关养老产业提供投融资支持的一系列金融活动（见图 10-1）。

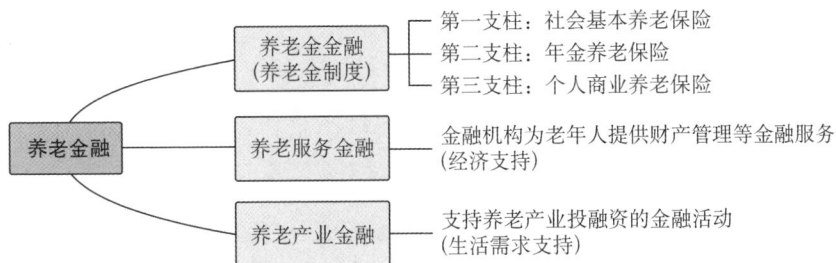

图 10-1　养老金融体系

资料来源：根据公开资料整理而成。

1.2　养老金融的分类

1.2.1　养老金金融

养老金金融是指为储备制度化的养老金进行的一系列金融活动，主要包括两方面的内容：一是养老金资产管理，二是养老金制度安排。养老金金融的对象是养老金，即养老金的制度化资产一旦出现积累型养老金，就需要金融干预，通过制度安排积累养老资产，同时实现保值增值。

社会养老保险、企业年金、职业年金和第三支柱个人养老金这些制度化的安排，都属于养老金金融的范畴。

1.2.2　养老服务金融

养老服务金融指除制度化的养老金以外，社会成员为了满足自身养老需求所采取的财富积累、消费及其他衍生的一系列金融活动（见图 10-2）。

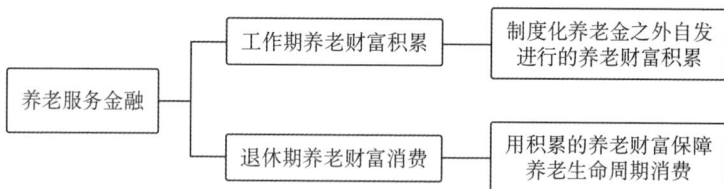

图 10-2　养老服务金融体系

资料来源：根据公开资料整理而成。

　　养老服务金融主要包括两个方面：一方面是如何在退休前通过多种渠道积累养老财富；另一方面是晚年之后怎么才能慢慢地消耗。两者可概括为工作期的养老财富积累和退休期的养老财富消费两个阶段，其本质是通过金融活动参与来满足人们多元化的养老需求。

　　在政策支持和巨大的市场潜在需求的推动下，各金融行业纷纷布局，关注养老与金融行业的结合，银行、基金、保险、信托等不少金融机构也开始积极探索养老服务金融的发展路径，开发出一系列养老主题的金融产品（见图 10-3）。目前，我国已初步形成满足国民养老财富积累需求的多元化养老服务金融产品体系，为广大国民养老财富积累提供了丰富的选择空间。

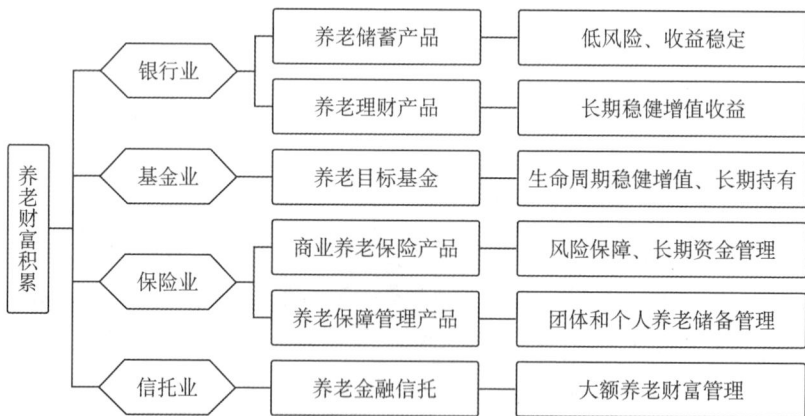

图 10-3　各金融行业养老财富积累的实践探索情况

资料来源：根据公开资料整理而成。

1.2.3　养老产业金融

　　养老产业金融是指为与养老相关产业提供投融资支持的金融活动，其服务对象是养老产业。

随着传统家庭养老功能的弱化和社会化养老功能的逐渐兴起，养老产业的需求不断增加。社会养老机构若想满足老年人的需求，则需要养老产业的支持。但是养老产业一般具有投资金额大、回报周期长等一系列特点，需要金融业的大力支持。养老金融业态的出现，主要是为了满足养老产业发展所需要的各种投融资需求。

随着我国人口老龄化的加剧，养老产业金融的发展显得尤为重要。国家发改委下达 2021 年中央预算内投资 70 亿元，来支持养老和托育服务体系的建设。这表明政府对于养老产业金融的支持力度在不断加大，以满足日益增长的养老服务需求。

2. 养老金融产品概述

2.1 养老金融产品的定义

广义的养老金融产品指为养老目标而设计的各种金融产品和服务，这些产品和服务不仅关注养老金的筹集、管理和投资运作，还涵盖了老年消费、医疗健康、照护服务等多个方面的资金支持。它们旨在通过综合运用金融手段和资源配置方式，为老年人提供全方位、多层次的养老保障和经济支持。广义的养老金融产品包括养老金金融产品、养老服务金融产品、养老产业金融产品。

狭义的养老金融产品则主要指各类金融机构针对老年群体和养老需求而提供的专门金融产品和服务。这些产品通常具有长期性、稳定性和个性化的特点，旨在帮助老年人在退休后有稳定的收入来源和经济保障。

2.2 养老金融产品的分类

2.2.1 养老金金融产品

养老金金融产品是一种长期性的、制度化的金融安排，通过个人、企业或政府的参与，将资金积累起来，并在退休后以一定的方式支付给个人，以满足其基本生活需求。这些产品通常具有稳定性、安全性和长期性的特点，注重风险管理和资产配置，以确保养老金的保值增值。

养老金金融产品主要包括以下几类。

（1）基本养老保险基金：由政府主导，通过法律强制实施的社会保险制度，为劳动者提供退休后的基本生活保障。这类产品具有强制性、广覆盖性和基础保障性等特点。

（2）企业年金：由企业自愿建立，为职工提供补充养老保险的制度。企业年金通常由企业和职工共同缴纳，实行市场化运营和管理，具有较高的灵活性和个性化特点。

（3）个人养老金计划：包括个人储蓄型养老保险、个人养老金账户等，允许个人自愿参与并缴纳一定费用，以积累个人养老储备。这类产品通常具有较长的投资期限和稳定的收益预期。

2.2.2 养老服务金融产品

养老服务金融产品指通过金融手段，为老年人提供养老服务支持的一系列金融产品。这些产品通常结合了保险、投资、信贷等多种金融工具，旨在帮助老年人解决养老过程中的经济问题，并享受更加便捷、专业的养老服务。

养老服务金融产品包括但不限于以下几种类型。

（1）商业养老保险：这是一种由保险公司提供，具有更灵活的保障范围和收益的方式，可以根据个人需求进行定制。

（2）养老目标基金：这是一类以实现养老财务目标为目的的开放式基金，采用分散投资策略降低风险，并根据投资者的年龄和风险承受能力来调整资产配置。这种类型的基金通常具有长期投资的特点，适合作为养老资金的投资工具。

（3）养老信托：这是一种将养老资金委托给信托公司进行管理和运用的方式。信托公司会根据委托人的需求和风险偏好，制定相应的投资策略，以实现养老资金的保值增值。

（4）住房反向抵押贷款：这是一种特殊的养老金融产品，允许老年人将其住房抵押给银行或其他金融机构，以换取定期支付的贷款产品。这种产品可以帮助老年人在不出售住房的情况下获得额外的收入，用于支付养老费用或改善生活质量。

（5）养老保障管理产品（如LCP）：这类产品结合了多种金融工具，旨在提高投资组合的多样性和收益潜力。它们通常具有灵活的投资策略和风险管理机制，以满足老年人对养老保障和资金增值的需求。

2.2.3 养老产业金融产品

养老产业金融产品是指为养老相关产业提供投融资支持的金融活动及产品。这些产品旨在促进养老产业的健康发展，满足老年人多样化的养老需求。

养老产业金融产品包括但不限于以下几种类型。

（1）养老产业投资基金：这是专门投资于养老产业领域的投资基金，通过集合投资者的资金，对养老项目进行股权投资或债权投资。养老产业投资基金通常具有专业的管理团队和丰富的行业经验，能够识别并投资具有潜力的养老项目，为投资者带来稳定的回报。

（2）养老产业债券：这是养老企业或项目为筹集资金而发行的债券，投资者购买债券后成为债权人，享有固定的利息收益和到期还本的权利。养老产业债券通常具有较低的风险和稳定的收益，适合风险承受能力较低的投资者。同时，养老产业债券的发行也有助于养老企业拓宽融资渠道，降低融资成本。

（3）养老产业贷款：这是银行或其他金融机构为养老企业或项目提供的贷款服务，用于支持养老设施的建设、运营和改造等。养老产业贷款通常贷款期限较长，利率相对较低，有助于养老企业缓解资金压力，推动项目的顺利实施。

（4）养老产业保险：这是保险公司为养老产业提供的保险产品，包括养老机构责任险、老年人意外伤害保险等。养老产业保险能够降低养老产业的风险，保障老年人的权益，提高养老服务的质量和安全性。

（5）养老产业 REITs（房地产投资信托基金）：这是一种通过证券化方式将不动产资产或权益转化为流动性较强的金融产品，投资者可以通过购买 REITs 份额参与养老地产等不动产的投资。REITs 具有稳定的现金流和分红收益，同时具有较高的流动性和透明度，适合长期投资者。在养老产业中，REITs 可以投资于养老社区、养老院等不动产项目，为投资者提供稳定的养老投资渠道。

（6）养老产业金融衍生品：这是基于养老产业相关资产或指数的金融衍生品，如期货、期权、互换等。

3. 个人养老金制度下的金融产品

3.1　个人养老金储蓄产品

养老储蓄是指职工根据个人收入与消费情况自愿以养老为目的的参与储蓄。通常情况下，养老储蓄中，职工在职时通过银行普通存款业务或养老储蓄产品进行资产累积，在其退休后依靠此前的本金与利息积累实现退休后的生活保障。

目前，我国个人养老储蓄的特点为依靠长时间资产积累、收益稳定且本金有绝对保障。但是，个人储蓄养老最大的缺陷在于难以抵御通货膨胀等宏观因素的影响，因此存款的保值增值问题成为个人养老储蓄产品正常运行的关键。

2022 年 11 月 20 日，工商银行宣布在合肥、广州、成都、西安和青岛五大试点城市发行特定养老储蓄产品，成为首家推出养老储蓄产品的银行。

养老储蓄产品单家试点上限 50 万元，产品利率较长期定存有优势。特定养老储蓄产品包括整存整取、零存整取和整存零取三种类型，产品期限分为 5 年、10 年、15 年和 20 年四档。从产品收益性来看，特定养老储蓄产品利率略高于大型银行五年期定期存款的挂牌利率；从税收优惠与相对更高的收益水平来看，产品较长期定存更有优势。

从养老储蓄投资者的视角来看，我国养老储蓄的发展有其历史背景，不同年龄段的人对养老储蓄的态度也有明显差异。对于"50 后""60 后"两代人，由于成长环境较为艰苦，投资理念相对保守，其对养老储蓄的重视程度高，储蓄水平也高；而对于"70 后""80 后"两代人，随着生活环境的改善、对金融理财产品的接触越来越多，加之房贷、保险、子女教育、老人赡养等各类型的生活支出加大，这两代人的风险承受能力提升，对养老储蓄的重视程度则有所下降；至于"90 后""00 后"两代人，则因为年龄原因暂无养老储蓄的需求，而消费习惯的改变也让这两代人的储蓄意愿、储蓄水平均处于较低水平。

未来养老储蓄的发展，需要适应投资者群体的变化，在产品设计、投资理念、风险水平等方面与主流人群相匹配。

3.2 个人养老金理财产品

银行养老理财产品是指由商业银行或银行子公司推出的，专门供养老投资者选择的一类理财产品，通常具有投资期限较长、风险等级较低的特点。银行养老理财产品旨在为中老年人提供稳健的投资服务，实现老有所养的目的，其核心投资原则为稳健、保值。

个人养老金理财产品应具备运作安全、成熟稳定、标的规范、侧重长期保值等特征，主要包括养老理财产品，以及投资风格稳定、投资策略成熟、运作合规稳健，适合个人养老金长期投资或流动性管理需要的其他理财产品。按照资管新规要求，个人养老金理财产品均采取净值化管理。

3.3　个人养老金保险产品

银保监会于 2022 年 11 月 21 日印发《关于保险公司开展个人养老金业务有关事项的通知》，明确保险公司开展个人养老金业务的基本要求，主要选择资本实力较强、经营较为规范的公司参与；同时明确保险公司可向个人养老金制度参加人提供符合要求的年金保险和两全保险等，要求保险期间不得短于 5 年。

个人养老金保险产品种类包括专属商业养老保险、两全保险、年金保险和税延养老保险产品。

两全保险和年金险作为"原住民"，最早被纳入个人养老金保险产品名单，其商业性质也被开发得较为完善。两全保险、年金保险又分为分红型和万能型。两全保险同时包含身故给付和生存给付，在其他条件相同的情况下，其费率相对定期寿险和终身寿险都要高；分红型和万能型两全产品基本保额相对低些，但总返还数量会更高，而万能险的投资属性则更强，购买时通常有初始费，且产品有保底收益。

在缴费方式和领取方式上，两全保险需按照固定期限、固定额度进行缴费，领取时也是在身故或保障到期时一次性领取；年金保险交费方式相对固定，一般在投保时约定好缴费期限、保障额度和保费等；分红型年金保险和万能型年金保险，需要注意保单所产生的分红或资金转入万能账户之后产生的增值是不确定的。

专属商业养老保险相对较新，资金长期锁定，是用于以养老保障为目的，被保险人领取养老金年龄应当达到法定退休年龄或年满 60 周岁（两者取早）的个人养老年金保险产品。相比之下，专属商业养老保险的投保门槛较低，且加保灵活，低至几十元即可买入；两全保险、年金保险的投保门槛更高一些，年交保费基本在上千元，且需连续缴费。

保险产品优势突出，须以保障独特性和投资回报提升来巩固竞争力。保险产品在大资管新规下的保本优势有目共睹，同时产品还具备一定的保障属性，在产品设计上具有其他金融企业难以逾越的护城河，未来可以通过险种的全方位覆盖，或"养老＋健康"相结合的服务升级，进一步夯实自身保障的独特性。此外，保险资金长期配置的属性也要求其均衡风险与收益，资产配置上以固收类为主，结算利率稳定，未来可根据市场变化动态调整权益配置比例，进一步提升投资回报，以此巩固竞争力。

3.4　个人养老金养老目标基金产品

养老目标基金是一类特殊的公募基金，为服务养老而生，致力于帮助投资者解决养老投资难题，一直是境外个人养老金投资管理中的主要产品，在个人养老金投资中发挥着极为重要的作用。2018 年 2 月 11 日证监会发布《养老目标证券投资基金指引（试行）》，是公募基金行业服务个人投资者养老投资、推进养老金市场化改革的重要里程碑事件。目前，养老目标基金运作整体发展较快、运作良好，助力个人投资者实现长期稳健收益的养老目标。

证监会于 2022 年 11 月 4 日发布的《个人养老金投资公开募集证券投资基金业务管理暂行规定》，对可投资的公募产品的产品设计、产品管理、信息披露等方面作出明确要求。

该规定明确可投资的基金产品类型包括最近 4 个季度末规模不低于 5 000 万元或者上一季度末规模不低于 2 亿元的养老目标基金，以及其他投资风格稳定、投资策略清晰、运作合规稳健且适合个人养老金长期投资的基金产品。

该规定要求基金管理人、基金销售机构对个人养老金投资基金业务、产品业绩、人员绩效的考核周期不得短于 5 年，基金评价机构的业绩评价期限不得短于 5 年，不得使用单一指标进行排名或者评价，不得进行短期收益和规模排名。

该规定要求应设立单独的份额类别，并不得收取销售服务费，可豁免申购限制和申购费等销售费用，以及对管理费和托管费实施一定的费率优惠。同时，为鼓励长期投资，将分红方式设置为红利再投资；为鼓励长期领取，设置定期分红、定期支付、定额赎回等机制。

4. 养老金融服务机构分析

个人养老金制度出台后，商业银行、银行理财子公司、证券公司、公募基金及保险公司等金融机构积极布局个人养老金市场。在新格局下，各金融机构均存在相应的优势和劣势。

4.1 商业银行

《关于推动个人养老金发展的意见》明确规定参加人应当在符合规定的商业银行指定或者开立一个本人唯一的个人养老金资金账户。资金账户作为个人养老金的入口，也是税收优惠政策的载体，缴费、投资、领取养老金均需要通过个人账户进行。因此商业银行拥有独特的账户优势，在开立账户时可直接实现客户的获取，销售本银行发行及代销的养老金融产品。

商业银行将成为居民个人养老金账户的入口，它具备丰富的客户资源和信用优势，更易获得客户信任感。它有望依托渠道优势成为养老金融产品的全体系销售站点，并且依托个人养老金资金账户形成先发优势。

4.1.1　商业银行的优势

（1）渠道优势和客户信任度高。

商业银行拥有庞大的线下渠道及各财富阶层的客户资源。相较其他金融机构，商业银行的营业网点在覆盖广度和深度上拥有巨大优势。此外，商业银行客户数量庞大，基本上覆盖了各年龄段及各财富阶层的客户，特别是个人养老的主要目标群体——中老年人。它是客户最为熟悉和信任的金融机构，这也为其参与个人养老金制度提供了客源优势。

（2）投资风格稳健、安全性高，符合居民风险偏好，有利于个人养老金长期发展。

在投资端，商业银行是我国货币市场和债券市场的主要参与者。特别是在固收领域，商业银行拥有传统的投资优势。个人养老金制度发展初期，居民风险偏好较低，银行的投资风格更容易赢得投资者信赖。稳健的投资风格有利于居民养老资金在中长期获得相对稳健可持续的投资收益。

（3）拥有较为完善的内控体系以及较高的信息化水平。

一方面，银行拥有较为完善的内控体系和风险管理防线，可确保个人养老资金的安全。另一方面，商业银行的线上渠道发展迅速。经过持续的金融科技投入以及推广宣传，各大银行的手机 App 及线上网点已发展较为成熟，相比其他金融机构，银行的线上渠道拥有广泛的活跃客户数量及较好的用户体验。

4.1.2　商业银行的劣势

（1）产品和服务同质化程度较高，个性化服务等方面仍有待加强。

大部分商业银行的经营范围仍主要集中在传统的存贷市场，产品结构较为单一，中间业务领域创新不足。商业银行发行的理财产品同样同质化严重，以固定收益类为主。

（2）财富管理意识有待加强，以产品为导向的销售模式易让客户产生保本思维。

我国商业银行的财富管理业务长期以"卖方销售模式"为主，盈利模式主要依赖销售佣金。营销队伍以销售产品为导向，且缺乏专业的投顾队伍以及服务体系。

此外，产品和服务的同质化导致客户在进行产品选择时往往以收益率作为判断标准，这就导致客户对于银行产品产生"保本保收益"的固有印象。

（3）拓展养老储蓄业务，但与其他养老金融产品相比竞争力有限。

养老储蓄产品可充分体现养老属性，稳定的收益以及较长的产品期限符合居民长期养老需求和生命周期特点，能够满足低风险偏好居民的养老需求。

养老储蓄侧重"保本保收益"，储蓄期限长，波动小但是收益率低，更适合风险偏好较低的客户。其主要缺点为：一是收益率缺乏吸引力，二是灵活性相对较差。在资产配置选择上它不如其他养老金融产品多样，产品灵活性和个性化方面不足尚待提高。

4.2　银行理财子公司

4.2.1　银行理财子公司的优势

（1）理财公司母行有遍布全国的分支机构和成熟的理财顾问团队，能够拓宽养老理财产品的覆盖面。

借助母行的线下柜台、手机客户端、网上银行以及理财子公司的线上网站等可充分拓展养老理财产品的销售渠道。除了依托母行的销售渠道外，《理财公司理财产品销售管理暂行办法》规定，其他理财公司和吸收公众存款的银行业金融机构也可作为理财产品的代销机构。因此，理财公司可以通过代销的模式拓展其他国有大行、股份行和互联网银行的渠道平台，而城商行、农商行、村镇银行等区域中小银行在当地具备较强的客户群基础，但由于在投研能力、资本、人才等资源上存在劣势，因此不具备成立理财子公司的条件。

（2）其既有储蓄养老的客户基础，又在大类资产配置以及中低风险资产构建方面积累了丰富经验。

固收是理财公司的主要配置方向，也是其传统优势领域。以固收为主的投资策略较为稳健，可以更好地平衡风险与收益的关系。在养老需求不断提升的背景下，理财公司的养老理财产品有望凭借稳健的投资风格和良好的收益成为个人养老金配置的重要选择。

（3）中外合资理财机构的参与，有助于借鉴国际领先的养老理财发展模式及产品创新方式。

2022年2月11日，银保监明确贝莱德建信理财有限责任公司参与养老理财产品试点，试点城市为广州和成都。2022 年 5 月 10 日，贝莱德建信理财首款养老理财试点产品"贝安心 2032"成立。贝莱德集团是全球规模最大的养老金专业管理机构，在养老金管理实践上具备丰富的经验，为全球约 1.7 亿退休人员、20% 的财富500 强企业、十多个国家的政府养老保障产品提供服务，其管理的约 10 万亿美元资产中一半以上与养老相关。

4.2.2　银行理财子公司的劣势

（1）投资风格稳健但较为单一，投研实力相对较弱。

与公募基金及券商相比，理财公司在投研能力方面相对薄弱。在与其他金融机构养老金融产品的竞争中，收益率是客户最关心的因素。以固收类资产为主的养老理财产品在短期收益波动较小，但其长期收益也相对低于以投资权益类资产为主的其他养老产品。

因此，理财公司还需要不断提高在权益领域的投资能力，建立完善的投研体系，引进专业人才。同时做好投资者教育，帮助投资者树立长期投资、价值投资的理念。

（2）体制机制方面存在一些保守和僵化的问题，激励机制较弱。

理财业务早年发源于银行的表内信贷业务，理财公司也相应继承了银行相对保守的内控体系，缺乏有效的激励机制。这导致了理财公司的研究工作相对难以贴近市场，客观研究对投资模式的支撑较为不足。

4.3　证券公司

养老 FOF 是我国个人养老金制度下的重要金融产品，未来有望全部纳入。一方面，具有公募基金业务牌照的券商或资管子公司通过发行公募养老 FOF 产品，为个人养老金提供更多投资选择；另一方面，《关于推动个人养老金发展的意见》规定个人养老金资金账户可以由参加人在符合规定的商业银行指定或开立，也可以通过其他符合规定的金融产品销售机构指定，券商作为主要的金融产品销售机构也可以参与。

一般来说，券商在投研能力上具有优势，可以提供综合财富管理服务。未来可以发力养老 FOF 赛道，但渠道能力相对不足。

4.3.1　证券公司的优势

（1）具有完善的投研体系和高素质的投研团队，可以在产品设计上发挥优势，吸引风险偏好较高的客户。

券商的核心优势与公募基金一样，在于其专业的投研能力。在"资管新规"出台后，各大券商纷纷抓住机遇，通过成立资管子公司或者成立公募基金公司的方式申请公募牌照。未来，随着证券公司往公募赛道发力，更多参与公募养老 FOF 产品，其在产品设计方面以及在权益投资、多资产投资、量化投资等方面的业务经验和优势将进一步得到凸显。

（2）具备强大的投顾团队，作为金融产品代销机构，可以为个人养老金参与者提供更全面的财富管理服务。

证券公司拥有庞大的投顾团队和完善的投顾体系，2021 年我国证券业证券投资咨询业务净收入达到 54.57 亿元，而投资顾问人数也突破 7 万人。证券公司作为金融产品销售机构，可将个人养老金纳入投顾体系，依托强大的资产管理能力为客户提供更全面的财富管理业务，从而提高客户黏性，带动整体投顾业务的发展，实现产品、渠道、服务三者的有机结合。

4.3.2　证券公司的劣势

（1）渠道销售能力不足，客户基础不及银行。

根据财联社报道，截至 2024 年 6 月底，全国证券营业部数量为 11 647 家。根据工商银行年报及公开信息，截至 2023 年年末，工商银行的营业网点数量为 15 495 个。未来在养老金融产品销售方面，证券公司相比银行存在渠道和客户上的劣势。

（2）科技赋能不足，用户体验较差。

尽管目前头部券商纷纷发力金融科技，但是券商投顾业务仍依赖传统的线下服务，手机 App 及线上体验较差，月活跃用户数远低于银行，这在一定程度上制约了券商养老金融产品的销售。

4.4　公募基金

公募基金主要提供养老目标基金产品，包括养老目标日期基金和养老目标风险基金。养老目标基金以追求养老资产的长期稳健增值为目的，鼓励投资人长期持有，采用成熟的资产配置策略以合理控制投资组合波动风险。

作为市场化程度最高的资管机构，公募基金具备更丰富的投资经验和领先的投研能力，预计整体投资收益率高于其他类型金融机构，但产品风险可能更高，且公募基金机构的品牌认知度远低于保险公司和商业银行。

4.4.1　公募基金的优势

（1）资本市场最成熟的专业机构投资者。

公募基金可以依托强大的宏观策略研究和资产研究优势，为养老资金组合的投资提供支持，助力养老金保值增值。

（2）积累了良好的业绩纪录和广泛的客户基础。

近年来，公募基金行业发展态势良好，行业规模快速增长，截至 2023 年年底，公募基金管理规模达到了 27.54 万亿元，同比 2022 年（25.75 万亿元）增长了6.95%。这一数据表明，尽管市场存在波动，但公募基金的整体规模仍在不断扩大。2023 年，养老目标基金的新发规模虽然同比下滑，但仍累计成立了近 60 亿元的新基金。同时，年内还增设了 47 只养老目标基金 Y 份额，以对接个人养老金产品。不过，也有 7 只养老目标基金因规模不足等原因清盘。

（3）具备丰富的底层基金，可为个人养老金资产配置提供基础。

类型多样的底层基金是养老目标基金投资管理的基础。在选择子基金时，丰富的底层基金使公募基金可以采用"内部＋外部"模式运作，一方面，基金公司对内部产品更为了解，以内部产品为主也可节省运作费用。另一方面，可以配置市场上其他公募基金的优秀产品，从而将自身优势与市场优势结合起来实现优势互补，构建优质的基金组合。

4.4.2　公募基金的劣势

（1）产品设计同质性较强。

截至 2024 年 6 月 30 日，我国个人养老金基金产品达到了 193 只。这些基金产品主要包括养老目标日期基金和养老目标风险基金两大类。然而，各个类型的养老目标基金产品在产品费率、封闭期和配置策略方面同质化较为严重，目前的养老目标基金多以债券基金作为底层资产，以寻求资产的稳定增值，过于追求相对收益。

（2）缺乏独立渠道，销售能力弱。

公募基金在产品销售方面对外部代销渠道的依赖度较大。中国证券投资基金业协会调查数据显示，个人投资者购买公募基金产品时，选择最多的是银行渠道。除了几家头部基金公司以外，大部分公募基金公司严重缺乏独立渠道，由此导致养老目标基金的渠道费用和销售成本较高。

4.5 保险公司

目前，对于商业养老保险并没有严格的定义区分。保单期限较长的储蓄保单，或者退休之后才能领取的保单，都可以被定义为商业养老保险产品。

保险公司主要以传统商业养老保险、税延型养老保险和专属商业养老保险产品为主。原则上，含有终身领取功能、承担长寿风险、采用行业标准化条款的产品都可纳入商业养老保险统计范畴，具体的产品形式包括传统寿险、分红险、万能险和投连险。传统商业养老保险发展历史悠久，整体已经相对成熟。养老保险产品的突出优势在于风险水平低，具备更高的安全性，但持有期更长、流动性较差。

4.5.1 保险公司的优势

（1）保险产品不仅可以具备储蓄功能，同时还具有保障功能。

保险公司以上特性决定了可以围绕多元化的养老保障需求，提供差异化、综合化的一揽子保险解决方案，构建"大养老"生态圈。

保险公司在发展人身险业务过程中积累了海量的客户数据，包括客户的健康状况、家庭情况、财务数据等。通过对海量数据进行分析，描绘客户画像，更有利于为客户提供差异化的保险解决方案。保险公司可以以养老保险产品作为核心，驱动养老服务、养老社区，打通社区养老、护理和传承的完整养老服务流程。医疗护理是老年人最主要的养老需求之一，保险公司可以充当养老服务产业链的连接者，为客户对接相匹配的医疗机构和养老机构。客户利用个人养老金账户购买养老保险产品，在保险公司提供的养老体系接受医疗和养老服务，而保险资管则对养老金进行管理，实现养老金财富的增值保值。如果能实现上述的养老生态圈闭环发展，则有利于控制养老保险成本，成为保险公司在个人养老金制度建设中最核心的竞争优势。保险公司可作为养老产业的投资者。养老产业投资资金量需求大、周期长，这与保险资金的特点相契合。

随着保险公司在养老产业的布局深入推进，未来商业养老保险与养老社区、医疗、长期照护等服务或将实现有效结合。

（2）商业养老保险可以提供保底利率，也可以提供年金功能以对冲长寿风险。

商业养老保险能够满足投保人在安全稳健、长期增值、长期领取等方面的综合需求。

在"资管新规"出台后，银行理财、资金信托等资管产品纷纷"打破刚兑"，实现净值化管理。在这一背景下，商业养老保险是目前市场内唯一可以提供保底利率的产品，收益的确定性较高。此外，无论是目前市场上主流的养老年金还是正在试点的专属商业养老保险，都是在达到一定年龄后以被保险人的生存为保险金的给付条件，因此其保障期限长，可以较好地对冲长寿风险。

4.5.2　保险公司的劣势

保险公司的劣势主要体现在增值作用有限，难以充分分担第一和第二支柱的养老支出等方面。

（1）投顾能力偏弱。

与银行、券商及公募基金的理财顾问相比，保险公司的代理人以销售保险为导向，对股票、债券及理财产品等资产的了解有限，缺乏高素质的专业投顾人才，因此将来在提供养老金投资顾问的服务方面，专业能力可能有所不足。

（2）增值功能有限，吸引力不及其他产品。

因为保险产品一般具有保底利率，风险偏好较低，提供的增值功能有限，往往无法抵御通货膨胀，所以对大部分的客户而言，保险产品的吸引力相对有限，往往不如公募基金、理财等产品。

我国保险公司在资产配置上主要以固收为主，以满足保底收益的要求。2020年，保险公司整体保持以债券、银行存款（含现金及流动性资产）和金融产品为主的配置结构，其中债券占比 37.7%，银行存款占比 9.7%，现金及流动性资产占比 4.9%，金融产品占比 14.2%。

（3）经营难度大，股权融资相对较难。

养老保险资金与年金属于长期资金，长期资金应当对接长期资产。但国内债券市场缺乏长期限资产，短期债券占比极高。保险公司无法对冲长期险产品所带来的利率风险，这对股东资本不利，所以股权融资的难度相对更高。

参 考 文 献

［ 1 ］Christelis D, Dobrescu L, Motta A. Early life conditions and financial risk-taking in older age［J］. Journal of the Economics of Ageing, 2020, 17(10): 1－13.

［ 2 ］Lock S L. Age-friendly banking: How we can help get it right before things go wrong［J］. Public Policy & Aging Report, 2016 (1): 18－22.

［ 3 ］Metlife Mature Market Institute. The metlife study of elder financial abuse crimes of occasion, desperation, and predation against America's elders［R］. New York: Westport, 2011.

［ 4 ］Carstensen L L, Fung H H, Charles ST. Socioemotional selectivity theory and the regulation of emotion in the second half of life［J］. Motivation and Emotion, 2003, 27 (2): 103－123.

［ 5 ］OECD. International survey of adult financial literacy competencies［R］. Paris: OECD, 2016.

［ 6 ］Fernandes D, Lynch J G, Netemeyer R G. Financial literacy, financial education, and downstream financial behaviors［J］. Management Sciences, 2014, 60(8): 1861－1883.

［ 7 ］Menoncin F, Regis L. Optimal life-cycle labour supply, consumption, and investment: the role of longevity-linked assets［J］. Journal of Banking & Finance, 2020, 120(11): 1－19.

［ 8 ］Lichtenberg Peter A. Financial exploitation, financial capacity, and alzheimer's disease［J］. American Psychologist, 2016, 71(4): 312－325.

［ 9 ］董克用，施文凯. 加快建设中国特色第三支柱个人养老金制度：理论探讨与政策选择［J］. 社会保障研究，2020（2）：3-12.

［10］李金辉. 税延养老保险试点经验与探索［J］. 中国金融，2022（05）：52-53.

［11］林卫斌，苏剑. 供给侧改革的性质及其实现方式［J］. 价格理论与实践，2016

（01）：16-19.

［12］林义.社会保险［M］.第4版.中国金融出版社，2016.

［13］林义.我国多层次养老保障体系优化与服务拓展［J］.社会保障评论，2022，6（05）：56-65.

［14］娄飞鹏.我国养老金三支柱体系建设的历程、问题与建议［J］.金融发展研究，2020（02）：69-74.

［15］米红，朱海扬，马齐旖旎.我国第三支柱养老保险覆盖人群界定与参保规模政策仿真［J］.价格理论与实践，2020（04）：25-30+163.

［16］穆怀中.人口老龄化对经济增长的影响路径与有限挤出理论演绎［J］.社会保障评论，2023，7（02）：48-61.

［17］穆怀中，范璐璐，陈曦.养老保障制度"优化"理念分析［J］.社会保障研究，2020（01）：3-10.

［18］施文凯，董克用.中国多支柱养老金体系结构改革问题研究［J］.宏观经济研究，2022（11）：93-103.

［19］谭英平，刘奕.个税递延型养老保险试点效应研究——基于上海市试点经验的分析［J］.价格理论与实践，2019（10）：103-107.

［20］田辉.中美两国个人养老金制度比较［J］.中国金融，2021（24）：92-93.

［21］王嘉秀.银行创新服务第三支柱养老保险［J］.中国金融，2022（07）：57-59.

［22］吴卫星，吴锟，张旭阳.金融素养与家庭资产组合有效性［J］.国际金融研究，2018（05）：66-75.

［23］闫化海.浅析第三支柱个人养老金的产品体系［C］.中国养老金融50人论坛2018年上海峰会论文集——学者篇，2018：6.

［24］尹蔚民.全面建成多层次社会保障体系［J］.中国社会保障，2018（02）：14-16.

［25］张盈华.第三支柱个人养老金发展的制度要素：基于国际比较的分析［J］.华中科技大学学报（社会科学版），2022，36（02）：48-57.

［26］赵桂才.发挥公募基金作用，助力养老体系建设［J］.养老金融评论，2022（12）：8-13.

［27］赵振翔，王亚柯，王珊珊，等.个税递延型商业养老保险动态模拟研究——基于生命周期模型的分析［J］.价格理论与实践，2021（09）：146-150+203.

［28］赵周华，张春璐.老龄化与养老普惠金融：国际经验、中国实践及对策建议［J］.征信，2020，38（01）：71-77.

［29］朱俊生.专属商业养老保险，如何"补强"第三支柱［J］.养老金融评论，

2022（10）：45-53.

［30］朱文佩，林义.长寿风险、主观生存概率与养老金融资产配置［J］.贵州财经
大学学报，2022，219（04）：71-80.

［31］江世银，魏建华.国外金融服务养老公共管理政策实施探索［J］.行政管理改
革，2022，156（08）：88-95.

图书在版编目(CIP)数据

养老规划/牛淑珍,梁辉,齐安甜主编.--上海:
复旦大学出版社,2025.6. -- ISBN 978-7-309-18024-4

Ⅰ.D669.6

中国国家版本馆 CIP 数据核字第 2025P34E64 号

养老规划

牛淑珍　梁　辉　齐安甜　主编
责任编辑/姜作达

复旦大学出版社有限公司出版发行
上海市国权路 579 号　邮编:200433
网址:fupnet@fudanpress.com　http://www.fudanpress.com
门市零售:86-21-65102580　团体订购:86-21-65104505
出版部电话:86-21-65642845
上海新艺印刷有限公司

开本 787 毫米×960 毫米　1/16　印张 13.25　字数 244 千字
2025 年 6 月第 1 版
2025 年 6 月第 1 版第 1 次印刷

ISBN 978-7-309-18024-4/D・1227
定价:56.00 元